IL NUOVO CODICE DEI CONTRATTI *FACILE*

Il Decreto legislativo 36/2023 attraverso 100 schede e 60 mappe concettuali

@ tutti i diritti riservati

Indice

- 03 I principi guida del nuovo Codice dei contratti pubblici
- 30 Il Responsabile Unico di Progetto (RUP)
- 37 Le fasi dell'affidamento
- 52 Ambito di applicazione del nuovo Codice
- 66 Cos'è la digitalizzazione dei contratti pubblici?
- 75 Il programma triennale dei lavori
- 83 Contratti di importo inferiore alle soglie europee
- 109 Scelta del contraente – Procedure
- 129 Fasi della gara pubblica
- 137 Fase esecutiva
- 160 La disciplina del contenzioso
- 170 ANAC e il sistema di gestione e controllo
- 174 Allegati

I PRINCIPI GENERALI

> **Quali sono i principi guida del Codice dei contratti pubblici?**

PRINCIPIO DEL RISULTATO

PRINCIPIO DELLA FIDUCIA

PRINCIPIO DELL'ACCESSO AL MERCATO

PRINCIPI DI BUONA FEDE E DI TUTELA DELL'AFFIDAMENTO

PRINCIPI DI SOLIDARIETÀ E SUSSIDIARIETÀ ORIZZONTALE

PRINCIPIO DI AUTO-ORGANIZZAZIONE AMMINISTRATIVA

PRINCIPIO DI AUTONOMIA CONTRATTUALE

PRINCIPIO DI CONSERVAZIONE DELL'EQUILIBRIO CONTRATTUALE

PRINCIPI DI TASSATIVITÀ DELLE CAUSE DI ESCLUSIONE E DI MASSIMA PARTECIPAZIONE

LE MAPPE DI PIERRE

PRINCIPIO DEL RISULTATO

→ rispetto dei principi di legalità, trasparenza concorrenza

le stazioni appaltanti e gli enti concedenti devono perseguire il risultato dell'affidamento del contratto e della sua esecuzione con la massima tempestività e il miglior rapporto possibile tra qualità e prezzo

stazioni appaltanti

Obblighi
- definire chiaramente gli obiettivi del contratto
- monitorare l'esecuzione del contratto e di intervenire tempestivamente in caso di inadempimenti

Possibilità
- prevedere nel contratto sanzioni in caso di inadempimenti
- premiare gli operatori economici che si sono distinti per l'esecuzione di contratti di qualità

LE MAPPE DI PIERRE

PRINCIPIO DELLA FIDUCIA

l'attribuzione e l'esercizio del potere nel settore dei contratti pubblici si fondano sul principio della reciproca fiducia nell'azione legittima, trasparente e corretta dell'amministrazione, dei suoi funzionari e degli operatori economici

- la trasparenza delle procedure
- la lealtà e correttezza dei comportamenti
- l'imparzialità delle procedure

LE MAPPE DI PIERRE

PRINCIPI DI BUONA FEDE E DI TUTELA DELL'AFFIDAMENTO

Messi insieme perché si integrano

BUONA FEDE

impone alle stazioni appaltanti, agli enti concedenti e agli operatori economici di comportarsi in modo leale e corretto, nel rispetto degli obblighi contrattuali e delle norme di legge.

TUTELA DELL'AFFIDAMENTO

tutela l'affidamento che i partecipanti alla gara pubblica hanno riposto nelle stazioni appaltanti e negli operatori economici.

LE MAPPE DI PIERRE

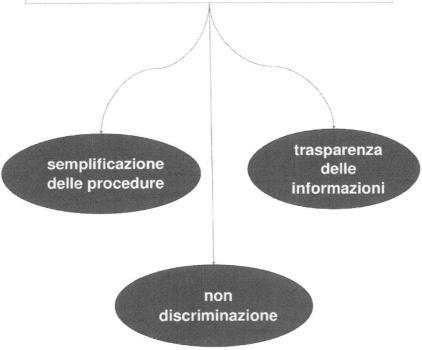

PRINCIPI DI BUONA FEDE E DI TUTELA DELL'AFFIDAMENTO

Messi insieme perché si integrano

BUONA FEDE

impone alle stazioni appaltanti, agli enti concedenti e agli operatori economici di comportarsi in modo leale e corretto, nel rispetto degli obblighi contrattuali e delle norme di legge.

TUTELA DELL'AFFIDAMENTO

tutela l'affidamento che i partecipanti alla gara pubblica hanno riposto nelle stazioni appaltanti e negli operatori economici.

LE MAPPE DI PIERRE

> si integrano

PRINCIPI DI BUONA FEDE E DI TUTELA DELL'AFFIDAMENTO

BUONA FEDE
lealtà e correttezza dei comportamenti
trasparenza delle informazioni
correttezza delle procedure

impone alle stazioni appaltanti, agli enti concedenti e agli operatori economici di comportarsi in modo leale e corretto, nel rispetto degli obblighi contrattuali e delle norme di legge.

TUTELA DELL'AFFIDAMENTO
tutela dell'affidamento legittimo
responsabilità per le violazioni

tutela l'affidamento che i partecipanti alla gara pubblica hanno riposto nelle stazioni appaltanti e negli operatori economici.

LE MAPPE DI PIERRE

Di derivazione costituzionale e comunitaria

PRINCIPI DI SOLIDARIETÀ E SUSSIDIARIETÀ ORIZZONTALE

SOLIDARIETÀ

le pubbliche amministrazioni devono collaborare tra loro per garantire la migliore realizzazione dei contratti pubblici

SUSSIDIARIETÀ ORIZZONTALE

le pubbliche amministrazioni possono avvalersi della collaborazione di soggetti privati, come gli enti del Terzo settore, per la realizzazione di attività di interesse generale

LE MAPPE DI PIERRE

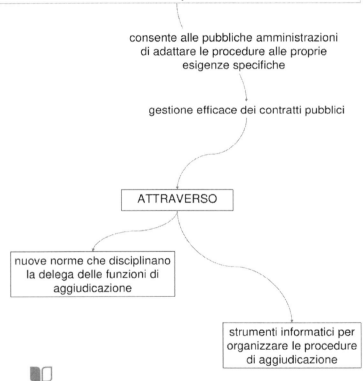

PRINCIPIO DI CONSERVAZIONE DELL'EQUILIBRIO CONTRATTUALE

in caso di sopravvenienze straordinarie e imprevedibili, che rendono eccessivamente onerosa la prestazione di una delle parti, la stazione appaltante e l'operatore economico possono concordare la revisione del contratto al fine di ripristinarne l'equilibrio economico

Criteri

la rinegoziazione deve limitarsi al ripristino dell'originario equilibrio del contratto

se la prestazione diviene inutile o inutilizzabile, il contraente ha diritto ad una riduzione proporzionale del corrispettivo pattuito

si sollecitano le parti ad inserire nei contratti "clausole di rinegoziazione"

SUB

necessità di un accordo

tutela dell'interesse pubblico

LE MAPPE DI PIERRE

si integrano

PRINCIPI DI TASSATIVITÀ DELLE CAUSE DI ESCLUSIONE E DI MASSIMA PARTECIPAZIONE

TASSATIVITÀ DELLE CAUSE DI ESCLUSIONE

le stazioni appaltanti possano escludere un operatore economico da una procedura di gara solo se sussiste una causa di esclusione espressamente prevista dal codice dei contratti pubblici

MASSIMA PARTECIPAZIONE

le stazioni appaltanti devono adottare tutte le misure necessarie per garantire la massima partecipazione degli operatori economici alle procedure di gara

LE MAPPE
DI PIERRE

1. PRINCIPI GUIDA DEL CODICE DEI CONTRATTI

Il Codice dei contratti pubblici, in vigore dal 19 aprile 2023, è il testo normativo che disciplina le procedure di aggiudicazione dei contratti pubblici, ovvero dei contratti stipulati dalle pubbliche amministrazioni con soggetti privati per l'acquisizione di beni, servizi o lavori.

I PRINCIPI FONDAMENTALI

Il Codice dei contratti pubblici si fonda su una serie di principi guida, che sono stati recepiti dal diritto dell'Unione europea e che sono alla base della disciplina dei contratti pubblici.

Quali sono i principi guida del Codice dei contratti pubblici?

- **Principio del risultato**, il contratto pubblico deve essere aggiudicato in modo da assicurare la massima tempestività e alle condizioni migliori in termini di qualità e prezzo.
- **Principio della fiducia,** ha una valenza bilaterale e comporta che le pubbliche amministrazioni e le imprese devono basare il loro rapporto di collaborazione su un clima di fiducia reciproca, che consenta loro di lavorare insieme per raggiungere gli obiettivi del contratto.
- **Principio dell'accesso al mercato**, tutte le imprese, indipendentemente dalla loro dimensione o dal loro paese di origine, devono l'opportunità di partecipare alle gare pubbliche.
- **Principi di buona fede e di tutela dell'affidamento**: il primo riguarda il modus operandi che deve essere appunto improntato alla buona fede mentre il secondo, ad esso collegato, riguarda la tutela delle situazioni di vantaggio che un operatore ha legittimamente acquisito.
- **Principi di solidarietà e sussidiarietà orizzontale**: vengono richiamati i due principi

costituzionali per evidenziare che in determinati circostanze (forte valenza sociale), la PA può apprestare modelli di organizzazione condivisa con il Terzo Settore.

- **Principio di auto-organizzazione amministrativa**: le pubbliche amministrazioni hanno la piena autonomia per organizzare le procedure di aggiudicazione dei contratti pubblici.

- **Principio di autonomia contrattuale**: le pubbliche amministrazioni e i soggetti privati che partecipano alle gare pubbliche hanno la piena autonomia per stipulare il contratto pubblico, nel rispetto delle norme di legge.

- **Principio di conservazione dell'equilibrio contrattuale**: in caso di variazioni delle condizioni contrattuali, le pubbliche amministrazioni e i soggetti privati devono adottare le misure necessarie per conservare l'equilibrio economico-finanziario del contratto pubblico.

- **Principi di tassatività delle cause di esclusione e di massima partecipazione**, hanno lo scopo di garantire una maggiore concorrenza e una maggiore apertura al mercato dei contratti pubblici.

IL PRINCIPIO DEL RISULTATO (art. 1)

Il Principio del risultato del nuovo codice dei contratti pubblici consiste nel fatto che le stazioni appaltanti e gli enti concedenti devono perseguire il risultato dell'affidamento del contratto e della sua esecuzione con la massima tempestività e il miglior rapporto possibile tra qualità e prezzo, nel rispetto dei principi di legalità, trasparenza e concorrenza.

In altre parole, le pubbliche amministrazioni non devono concentrarsi solo sul rispetto della procedura di gara, ma devono anche garantire che il contratto sia eseguito in modo efficace, efficiente ed economico.

Il Principio del risultato è un principio nuovo, introdotto dal nuovo codice dei contratti pubblici, che ha lo scopo di migliorare la qualità dei contratti pubblici e di garantire un maggiore valore per i soldi dei contribuenti.

In particolare, il Principio del risultato si concretizza nelle seguenti disposizioni:
- l'obbligo per le stazioni appaltanti di definire chiaramente gli obiettivi del contratto, sia in termini di prestazioni che di requisiti qualitativi;
- l'obbligo per le stazioni appaltanti di monitorare l'esecuzione del contratto e di intervenire tempestivamente in caso di inadempimenti;
- la possibilità per le stazioni appaltanti di prevedere nel contratto sanzioni in caso di inadempimenti;
- la possibilità per le stazioni appaltanti di premiare gli operatori economici che si sono distinti per l'esecuzione di contratti di qualità.

Merita un focus particolare il **concetto di "tempestività"**, che costituisce una novità e si traduce nella necessità per le stazioni appaltanti di concludere le procedure di gara in tempi certi e ragionevoli.

La tempestività nell'affidamento dei contratti pubblici può essere assicurata da una serie di fattori, tra cui:
- una pianificazione accurata delle necessità di approvvigionamento da parte delle stazioni appaltanti;
- una preparazione adeguata delle procedure di gara;
- un'efficace gestione delle procedure di gara.

La tempestività è un impatto significativo sia per (a) garantire che le opere o i servizi pubblici siano realizzati o acquisiti in tempi utili per soddisfare le esigenze della collettività; (b) evitare che i ritardi nelle procedure di gara comportino costi aggiuntivi per le stazioni appaltanti o per gli operatori economici.

IL PRINCIPIO DELLA FIDUCIA (art. 2)

Il principio della fiducia, previsto dall'articolo 2 del Codice dei contratti pubblici, stabilisce che l'attribuzione e l'esercizio del potere nel settore dei contratti pubblici si fondano sul principio della reciproca fiducia nell'azione legittima, trasparente e corretta dell'amministrazione, dei suoi funzionari e degli operatori economici.

In particolare, il principio della fiducia si concretizza nei seguenti aspetti:
- **la trasparenza delle procedure**, le pubbliche amministrazioni devono garantire la trasparenza delle procedure di aggiudicazione dei contratti pubblici, in modo da consentire agli operatori economici di partecipare alle gare in condizioni di parità.
- **l'imparzialità delle procedure**, le pubbliche amministrazioni devono garantire l'imparzialità delle procedure di aggiudicazione dei contratti pubblici, in modo da evitare discriminazioni tra gli operatori economici.
- **la lealtà e correttezza dei comportamenti**, le pubbliche amministrazioni, i loro funzionari e gli operatori economici devono comportarsi in modo leale e corretto, nel rispetto delle norme di legge e delle regole di mercato.

Il principio della fiducia comporta una bilateralità e coinvolge non solo la fase dell'assegnazione della gara ma anche tutta la durata del contratto.

Tali misure sono volte a rafforzare la fiducia degli operatori economici nelle procedure di aggiudicazione dei contratti pubblici, in modo da incentivare la partecipazione delle imprese alle gare.

L'articolo 2 inerente al principio della fiducia può essere letto in relazione al principio del risultato dell'articolo 1 per cui la fiducia reciproca porta le parti a concorrere insieme al raggiungimento del miglior risultato in termini di esecuzione del contratto e delle sue tempistiche.

PRINCIPIO DELL'ACCESSO AL MERCATO (art. 3)

Il principio dell'accesso al mercato, previsto dall'articolo 3 del Codice dei contratti pubblici, stabilisce che le stazioni appaltanti e gli enti concedenti devono favorire, secondo le modalità indicate dal codice, l'accesso al mercato degli operatori economici nel rispetto dei principi di concorrenza, di imparzialità, di non discriminazione, di pubblicità e trasparenza, di proporzionalità.

Questo principio si basa sul presupposto che le pubbliche amministrazioni devono garantire a tutte le imprese, indipendentemente dalla loro dimensione o dal loro paese di origine, pari opportunità di partecipare alle gare pubbliche.

In particolare, il principio dell'accesso al mercato si concretizza nei seguenti aspetti:

- **La semplificazione delle procedure**, le stazioni appaltanti devono adottare procedure semplici e snelle, in modo da facilitare la partecipazione delle imprese alle gare.

- **la trasparenza delle informazioni**, le stazioni appaltanti devono rendere pubbliche tutte le informazioni rilevanti per le gare, in modo da consentire agli operatori economici di partecipare in condizioni di parità.

- **la non discriminazione**, le stazioni appaltanti non devono applicare clausole che discriminano gli operatori economici, in base alla loro dimensione, al loro paese di origine o ad altri criteri non pertinenti.

Il principio dell'accesso al mercato è un principio fondamentale per garantire la concorrenza e l'efficienza delle procedure di aggiudicazione dei contratti pubblici. Esso consente di assicurare che le gare pubbliche siano competitive e che i contratti pubblici siano affidati alle imprese migliori, a condizioni vantaggiose per l'amministrazione e per la collettività.

Nel nuovo Codice dei contratti pubblici, il principio dell'accesso al mercato è stato rafforzato rispetto al precedente Codice, in particolare attraverso:
- l'introduzione di nuovi strumenti per la semplificazione delle procedure di aggiudicazione dei contratti pubblici.
- l'ampliamento delle informazioni che devono essere rese pubbliche dalle stazioni appaltanti.
- la previsione di sanzioni più severe per le stazioni appaltanti che violano il principio dell'accesso al mercato.

Tali misure sono volte a rafforzare l'accesso al mercato degli operatori economici, in modo da incentivare la partecipazione delle imprese alle gare, anche le più piccole. Il principio enunciato ha quindi come ricaduta indiretta quella di sostenere il sistema delle piccole e medie imprese. Resta comunque inteso che quando la complessità dell'appalto lo richiede, la pubblica amministrazione può richiedere requisiti specifici e più stringenti agli operatori economici.

PRINCIPI DI BUONA FEDE E DI TUTELA DELL'AFFIDAMENTO (art. 5)

I principi di buona fede e di tutela dell'affidamento sono due principi fondamentali del Codice dei contratti pubblici, previsti dall'articolo 5.

Il principio di buona fede impone alle stazioni appaltanti, agli enti concedenti e agli operatori economici di comportarsi in modo leale e corretto, nel rispetto degli obblighi contrattuali e delle norme di legge.

Il principio di tutela dell'affidamento, invece, tutela l'affidamento che i partecipanti alla gara pubblica hanno riposto nelle stazioni appaltanti e negli operatori economici.

In particolare, il principio di buona fede si concretizza nei seguenti aspetti:

- **la lealtà e correttezza dei comportamenti**, le stazioni appaltanti, gli enti concedenti e gli operatori economici devono comportarsi in modo leale e corretto, nel rispetto degli obblighi contrattuali e delle norme di legge.
- **la trasparenza delle informazioni**, le stazioni appaltanti e gli operatori economici devono rendere pubbliche tutte le informazioni rilevanti per il contratto pubblico, in modo da consentire agli interessati di valutare le proprie scelte.
- **la correttezza delle procedure**, le stazioni appaltanti e gli operatori economici devono adottare procedure trasparenti e imparziali, in modo da evitare discriminazioni.

Il principio di tutela dell'affidamento, invece, si concretizza nei seguenti aspetti:

- **la tutela dell'affidamento legittimo**, le stazioni appaltanti devono tutelare l'affidamento legittimo che gli operatori economici hanno riposto nelle procedure di aggiudicazione dei contratti pubblici.
- **la responsabilità per le violazioni**, le stazioni appaltanti e gli operatori economici responsabili di violazioni dei principi di buona fede e di tutela dell'affidamento sono tenuti al risarcimento del danno ma questo è limitato ai pregiudizi economici effettivamente subiti e provati

PRINCIPI DI SOLIDARIETÀ E SUSSIDIARIETÀ ORIZZONTALE (art. 6)

I principi di solidarietà e sussidiarietà orizzontale sono due principi fondamentali del Codice dei contratti pubblici, previsti dall'articolo 6.

Il principio di solidarietà si basa sul presupposto che le pubbliche amministrazioni devono collaborare tra loro per garantire la migliore realizzazione dei contratti pubblici.

Il principio di sussidiarietà orizzontale, invece, prevede che le pubbliche amministrazioni possono avvalersi della collaborazione di soggetti privati, come gli enti del Terzo settore, per la realizzazione di attività di interesse generale.

PRINCIPIO DI AUTO-ORGANIZZAZIONE AMMINISTRATIVA (art. 7)

Il principio di auto-organizzazione amministrativa è fondamentale per garantire la flessibilità e l'efficienza delle procedure di aggiudicazione dei contratti pubblici. Esso consente alle pubbliche amministrazioni di adattare le procedure alle proprie esigenze specifiche, in modo da garantire una gestione efficace dei contratti pubblici.

Ad esempio, le pubbliche amministrazioni possono scegliere di utilizzare un modello organizzativo centralizzato o decentrato, in base alle dimensioni e alla complessità dell'amministrazione. Inoltre, le pubbliche amministrazioni possono ricorrere a strumenti informatici per automatizzare le procedure di aggiudicazione dei contratti pubblici, in modo da ridurre i tempi e i costi.

Nel nuovo Codice dei contratti pubblici, il principio di auto-organizzazione amministrativa è stato rafforzato rispetto al precedente Codice, in particolare attraverso:

- L'introduzione di nuove norme che disciplinano la delega delle funzioni di aggiudicazione dei contratti pubblici.

- La previsione di strumenti informatici per organizzare le procedure di aggiudicazione dei contratti pubblici.

Tali misure sono volte a rafforzare la flessibilità e l'efficienza delle procedure di aggiudicazione dei contratti pubblici, in modo da garantire una gestione efficace dei contratti pubblici.

PRINCIPIO DI AUTONOMIA CONTRATTUALE (art. 8)

Il principio di autonomia contrattuale, previsto dall'articolo 8 del Codice dei contratti pubblici, stabilisce che le pubbliche amministrazioni sono dotate di autonomia contrattuale e possono concludere qualsiasi contratto, anche gratuito, salvi i divieti espressamente previsti dal codice e da altre disposizioni di legge.

Questo principio si basa sul presupposto che le pubbliche amministrazioni abbiano la stessa autonomia contrattuale dei soggetti privati.

In particolare, il principio di autonomia contrattuale si concretizza nei seguenti aspetti:

- la libertà di scelta del contraente: le pubbliche amministrazioni sono libere di scegliere il contraente con cui concludere il contratto, in base a criteri di economicità, efficacia e imparzialità.

- la libertà di determinazione del contenuto del contratto: le pubbliche amministrazioni sono libere di determinare il contenuto del contratto, in base alle proprie esigenze.

- la libertà di recesso dal contratto: le pubbliche amministrazioni sono libere di recedere dal contratto, in base a motivi legittimi.

Il principio di autonomia contrattuale è fondamentale per garantire la flessibilità e l'efficienza dei contratti pubblici. Esso consente alle pubbliche amministrazioni di adattare i contratti alle proprie esigenze specifiche, in modo da garantire un'efficace realizzazione delle prestazioni.

Ad esempio, le pubbliche amministrazioni possono scegliere di concludere contratti con soggetti privati, in modo da sfruttare le competenze e le risorse del settore privato. Inoltre, le pubbliche amministrazioni possono prevedere clausole contrattuali flessibili, in modo da adattare i contratti alle esigenze mutevoli.

Nel nuovo Codice dei contratti pubblici, il principio di autonomia contrattuale è stato rafforzato rispetto al precedente Codice, in particolare attraverso:

- l'introduzione di nuove norme che disciplinano la scelta del contraente e il contenuto del contratto.
- la previsione di strumenti giuridici per garantire la flessibilità dei contratti pubblici.

Tali misure sono volte a rafforzare la flessibilità e l'efficienza dei contratti pubblici, in modo da garantire una gestione efficace dei contratti pubblici.

Tuttavia, il principio di autonomia contrattuale delle pubbliche amministrazioni è soggetto a dei limiti, previsti dal codice e da altre disposizioni di legge. Ad esempio, le pubbliche amministrazioni non possono concludere contratti che sono in contrasto con l'interesse pubblico o che violano le disposizioni in materia di concorrenza.

PRINCIPIO DI CONSERVAZIONE DELL'EQUILIBRIO CONTRATTUALE (art. 9)

Il principio di conservazione dell'equilibrio contrattuale stabilisce che in caso di sopravvenienze straordinarie e imprevedibili, che rendono eccessivamente onerosa la prestazione di una delle parti, la stazione appaltante e l'operatore economico possono concordare la revisione del contratto al fine di ripristinarne l'equilibrio economico.

Tale principio si basa sul presupposto che i contratti pubblici devono essere basati sul principio della parità di trattamento delle parti, che non deve essere alterato da eventi imprevedibili che alterano l'equilibrio economico del contratto.

Tale principio, che può essere evocato da entrambe le parti, trova applicazione qualora (art. 8 c.) *sopravvengono circostanze straordinarie e imprevedibili, estranee alla normale alea, (...) e tali da alterare in maniera rilevante l'equilibrio originario del contratto'*.

Il Codice fissa i criteri ai quali attenersi:

- la rinegoziazione deve limitarsi al ripristino dell'originario equilibrio del contratto oggetto dell'affidamento
- se la prestazione diviene inutile o inutilizzabile, il contraente ha diritto ad una riduzione proporzionale del corrispettivo pattuito
- si sollecitano le parti ad inserire nei contratti "clausole di rinegoziazione", così da poter anticipare eventuali future criticità.

Tali criteri vengono adottati tenendo conto di:

- necessità di un accordo, la revisione del contratto deve essere concordata tra la stazione appaltante e l'operatore economico, non potendo essere imposta da una delle parti;
- tutela dell'interesse pubblico, le modifiche e revisioni devono essere operate tenendo presente sempre l'interesse pubblico.

Ad esempio, in caso di aumento dei prezzi delle materie prime, la stazione appaltante e l'operatore economico possono concordare la revisione del contratto al fine di compensare l'operatore economico per la maggiore spesa.

PRINCIPI DI TASSATIVITÀ DELLE CAUSE DI ESCLUSIONE E DI MASSIMA PARTECIPAZIONE (art. 9)

I principi di tassatività delle cause di esclusione e di massima partecipazione sono due principi fondamentali del nuovo codice dei contratti pubblici, che hanno lo scopo di garantire una maggiore concorrenza e una maggiore apertura al mercato dei contratti pubblici.

Principio di tassatività delle cause di esclusione
Il principio di tassatività delle cause di esclusione prevede che le stazioni appaltanti possano escludere un operatore economico da una procedura di gara solo se sussiste una causa di esclusione espressamente prevista dal codice dei contratti pubblici.
In altre parole, le stazioni appaltanti non possono inserire nei documenti di gara ulteriori cause di esclusione, anche se ritenute giustificate.
Le cause di esclusione sono elencate negli **articoli 94 e 95** del codice dei contratti pubblici. Tra le cause di esclusione più comuni vi sono:
- condannazioni penali per reati gravi in materia di appalti pubblici;
- insolvenza o inadempienze;
- condizioni economiche o finanziarie tali da mettere a rischio l'esecuzione del contratto;
- violazioni delle norme sulla sicurezza sul lavoro;
- violazioni delle norme ambientali.

Principio di massima partecipazione
Il principio di massima partecipazione prevede che le stazioni appaltanti devono adottare tutte le misure

necessarie per garantire la massima partecipazione degli operatori economici alle procedure di gara.
In altre parole, le stazioni appaltanti devono evitare di adottare misure che possano limitare la concorrenza, come ad esempio l'introduzione di requisiti di qualificazione eccessivamente stringenti o la scelta di procedure di gara troppo complesse.
Il principio di massima partecipazione è un principio importante che può contribuire a migliorare l'efficienza e l'efficacia della gestione dei contratti pubblici.
Impatto dei principi di tassatività delle cause di esclusione e di massima partecipazione

I principi di tassatività delle cause di esclusione e di massima partecipazione hanno un impatto significativo sulla gestione dei contratti pubblici.

In particolare, questi principi:

- promuovono la concorrenza, in quanto limitano la possibilità per le stazioni appaltanti di escludere gli operatori economici da una procedura di gara.
- favoriscono l'apertura al mercato, in quanto incoraggiano le stazioni appaltanti ad adottare procedure di gara semplici e accessibili a tutti gli operatori economici.
- contribuiscono a migliorare l'efficienza e l'efficacia della gestione dei contratti pubblici, in quanto consentono alle stazioni appaltanti di concludere le procedure di gara in tempi più brevi e di ottenere le migliori offerte possibili.

Ecco alcuni esempi di come i principi di tassatività delle cause di esclusione e di massima partecipazione possono essere applicati nella pratica:

- una stazione appaltante che esclude un operatore economico da una procedura di gara per una causa non prevista dal codice dei contratti pubblici è tenuta a rivedere la propria decisione.

- una stazione appaltante che adotta una procedura di gara troppo complessa può essere impugnata da un operatore economico escluso.

- una stazione appaltante che adotta requisiti di qualificazione eccessivamente stringenti può essere obbligata ad ammettere alla gara un operatore economico che non soddisfa tali requisiti.

IL RUP

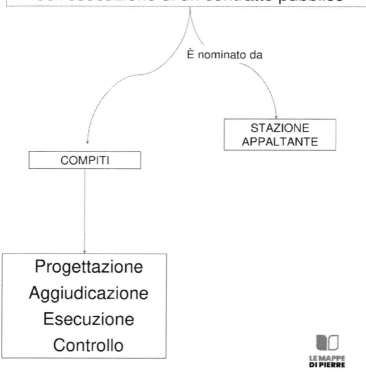

REQUISITI COMUNI

Per gli appalti di lavori

IMPORTO CONTRATTO	ESPERIENZA
inferiore a 1.000.000 di euro	almeno 1 anno
pari o superiore a 1.000.000 di euro e inferiore alla soglia UE	almeno 3 anni
pari o superiore alla soglia UE	almeno 5 anni

Per gli appalti di forniture e servizi

IMPORTO CONTRATTO	ESPERIENZA
importi inferiori alla soglia UE	almeno 1 anno
pari o superiore alla soglia UE	almeno 3 anni

+ REQUISITI SPECIFICI   competenze professionali idonee per l'appalto di lavori, servizi o forniture di cui è incaricato, e deve tenere aggiornata con costanza la propria formazione

DEROGA – se non li ha deve essere affiancato da Responsabile di supporto

DIFFERENZA

VECCHIO CODICE
Responsabile Unico
PROCEDIMENTO

VECCHIO CODICE
Responsabile Unico
PROGETTO

Era **responsabile dell'affidamento ed esecuzione**

nuovo codice è **responsabile della gestione e dell'esecuzione di un contratto pubblico, in tutte le sue fasi**, dalla programmazione alla progettazione, dall'affidamento all'esecuzione e al controllo.

In coerenza con il
PRINCIPIO DI RISULTATO

2. IL RESPONSABILE UNICO DI PROGETTO

(Articolo 15 e Allegato I.2)

Il Responsabile Unico di Progetto (RUP) è la figura responsabile della gestione e dell'esecuzione di un contratto pubblico. È nominato dalla stazione appaltante e svolge un ruolo fondamentale per garantire l'efficacia e l'efficienza dell'intervento pubblico.

In particolare, il RUP ha i seguenti compiti:

- Progettazione: il RUP è responsabile della redazione del progetto dell'intervento pubblico, sulla base delle esigenze della stazione appaltante.
- Aggiudicazione: il RUP è responsabile della gestione della procedura di aggiudicazione del contratto pubblico, in conformità alle disposizioni del Codice dei Contratti.
- Esecuzione: il RUP è responsabile dell'esecuzione del contratto pubblico, coordinando le attività dei soggetti coinvolti.
- Controllo: il RUP è responsabile del controllo sull'esecuzione del contratto pubblico, verificando il rispetto delle condizioni contrattuali e delle norme di legge.

Il RUP deve essere un soggetto qualificato, in possesso delle competenze e delle conoscenze necessarie per svolgere i compiti assegnati. Deve essere in grado di gestire progetti complessi e di coordinare le attività di soggetti diversi.

Nel nuovo Codice dei contratti pubblici il ruolo del RUP è stato rafforzato rispetto al precedente Codice e ne è cambiato il significato: la P ora sta per **Progetto** mentre prima stava per **Procedimento**. Il RUP è ora un unico soggetto, che svolge tutte le funzioni relative alla gestione e all'esecuzione del contratto pubblico. Inoltre, il RUP è tenuto ad avere un'adeguata formazione specifica, in materia di contratti pubblici.

Requisiti del Responsabile Unico di Progetto

I requisiti per fare il Responsabile Unico di Progetto (RUP) secondo il Codice dei Contratti pubblici (D.Lgs. n. 36/2023) sono richiamati nel testo di legge e poi specificati dall'allegato I.2

Per gli appalti di lavori

- Esperienza di almeno 1 anno per i contratti di importo inferiore a 1.000.000 di euro;
- esperienza di almeno 3 anni per i contratti di importo pari o superiore a 1.000.000 di euro e inferiore alla soglia UE (specificata all'art. 14);
- esperienza di almeno 5 anni per i contratti di importo pari o superiore alla soglia UE.

Per gli appalti di forniture e servizi

- Esperienza di almeno un anno per gli importi inferiori alla soglia UE;
- Esperienza di almeno tre anni per gli importi pari o superiori alla soglia UE.

il RUP deve essere in possesso di competenze professionali idonee per l'appalto di lavori, servizi o forniture di cui è incaricato, e deve tenere aggiornata con costanza la propria formazione. L'allegato I.2, il Codice prevede però che possa essere disegnato un RUP privo dei requisiti appena visti. Qualora si verificasse questa situazione, la Stazione Appaltante dovrà affiancare al Responsabile una struttura di supporto.

Responsabile Unico di Progetto e il Responsabile Unico di Procedimento

La principale differenza tra il Responsabile Unico di Progetto (RUP) del nuovo Codice dei contratti e il Responsabile Unico di Procedimento (RUP) del vecchio codice dei contratti è che il RUP del nuovo codice ha un ruolo più ampio e complesso.

Infatti, il RUP del nuovo codice è responsabile della gestione e dell'esecuzione di un contratto pubblico, in tutte le sue fasi, dalla programmazione alla progettazione, dall'affidamento all'esecuzione e al controllo.

Al contrario, il RUP del vecchio codice era responsabile della gestione e dell'esecuzione di un contratto pubblico, ma solo nelle fasi di affidamento ed esecuzione.

Inoltre, il RUP del nuovo codice deve essere un soggetto qualificato, in possesso di specifiche competenze e conoscenze, mentre il RUP del vecchio codice non aveva requisiti specifici.

Infine, il RUP del nuovo codice è tenuto ad avere un'adeguata formazione specifica, in materia di contratti pubblici, mentre il RUP del vecchio codice non era tenuto ad avere alcuna formazione specifica.

LE FASI DELL'AFFIDAMENTO

QUALI SONO LE FASI DELL'AFFIDAMENTO DI UN CONTRATTO PUBBLICO?

Determina a contrarre: la stazione appaltante adotta una determina a contrarre, che contiene le informazioni essenziali relative al contratto, come l'oggetto, l'importo, le modalità di aggiudicazione e i criteri di selezione.

Selezione dei partecipanti: la stazione appaltante pubblica un bando di gara o una lettera di invito, che contiene le informazioni relative alla procedura di aggiudicazione e ai requisiti che devono possedere gli operatori economici per partecipare

Presentazione delle offerte: gli operatori economici presentano le loro offerte, che devono essere conformi al bando di gara o alla lettera di invito.

Valutazione delle offerte: la stazione appaltante valuta le offerte e procede alla aggiudicazione del contratto all'operatore economico che ha presentato l'offerta migliore.

Stipula del contratto: la stazione appaltante e l'operatore economico stipulano il contratto, che contiene le condizioni economiche e contrattuali del rapporto.

LE MAPPE DI PIERRE

DETERMINA A CONTRARRE

è un atto amministrativo con il quale la stazione appaltante manifesta la propria volontà di procedere all'affidamento di un contratto pubblico

elementi

l'oggetto del contratto
l'importo del contratto
le modalità di aggiudicazione
i criteri di selezione

LA SELEZIONE DEI PARTECIPANTI

Secondo i principi di trasparenza e concorrenza

obiettivo

selezionare gli operatori economici che hanno i requisiti necessari per eseguire il contratto

Requisiti comuni
Idoneità professionale
Capacità economico-finanziaria
Capacità tecnico-professionale

LE MAPPE DI PIERRE

PRESENTAZIONE DELLE OFFERTE

gli operatori economici presentano le loro offerte alla stazione appaltante in risposta alla richiesta (contenuta nel bando di gara) della stazione appaltante

elementi

dati identificativi dell'operatore economico

dati identificativi del contratto

prezzo o corrispettivo

Altre informazioni richieste dal bando di gara

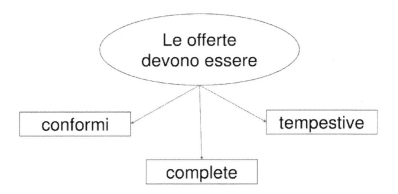

Le offerte devono essere:
- conformi
- tempestive
- complete

LE MAPPE DI PIERRE

I criteri di aggiudicazione sono pubblicati nel bando di gara

Valutazione imparziale e trasparente

VALUTAZIONE DELLE OFFERTE

la stazione appaltante valuta le offerte presentate dagli operatori economici, in base ai criteri di aggiudicazione stabiliti nel bando di gara o nella lettera di invito

Criteri di aggiudicazione

- tecnici
- economici
- misti

STIPULA DEL CONTRATTO

è la fase finale dell'affidamento
la stazione appaltante e l'operatore economico aggiudicatario stipulano il contratto, che contiene le condizioni economiche e contrattuali del rapporto

↓ elementi ↓

oggetto

importo

durata

prezzo o corrispettivo

altre informazioni

Stand stil period

periodo di tempo che intercorre tra la notifica dell'aggiudicazione definitiva e la stipula del contratto

- Per eventuali ricorsi
- Non si applica in casi specifici (es. urgenza)

3. LE FASI DELL'AFFIDAMENTO NEL CODICE DEI CONTRATTI

(Articolo 15 e Allegato I.2)

Le fasi dell'affidamento nel Codice dei Contratti sono le seguenti:

1. **Determina a contrarre**: la stazione appaltante adotta una determina a contrarre, che contiene le informazioni essenziali relative al contratto, come l'oggetto, l'importo, le modalità di aggiudicazione e i criteri di selezione.

2. **Selezione dei partecipanti**: la stazione appaltante pubblica un bando di gara o una lettera di invito, che contiene le informazioni relative alla procedura di aggiudicazione e ai requisiti che devono possedere gli operatori economici per partecipare.

3. **Presentazione delle offerte**: gli operatori economici presentano le loro offerte, che devono essere conformi al bando di gara o alla lettera di invito.

4. **Valutazione delle offerte**: la stazione appaltante valuta le offerte e procede alla aggiudicazione del contratto all'operatore economico che ha presentato l'offerta migliore.

5. **Stipula del contratto**: la stazione appaltante e l'operatore economico stipulano il contratto, che contiene le condizioni economiche e contrattuali del rapporto.

Le fasi dell'affidamento possono variare a seconda della tipologia di contratto e dell'importo.

Il Codice dei Contratti prevede anche delle procedure speciali di affidamento, come la procedura negoziata senza pubblicazione di un bando di gara, la procedura negoziata di gara con invito e la procedura del dialogo competitivo. Di ciò si dirà specificamente più avanti.

Determina a contrarre

La determina a contrarre è un atto amministrativo con il quale la stazione appaltante manifesta la propria volontà di procedere all'affidamento di un contratto pubblico.

La determina a contrarre deve essere adottata prima dell'avvio della procedura di affidamento e deve contenere le informazioni essenziali relative al contratto, come l'oggetto, l'importo, le modalità di aggiudicazione e i criteri di selezione.

In particolare, la determina a contrarre deve indicare:
- **l'oggetto del contratto**: i lavori, i servizi o le forniture che si intendono affidare.
- **l'importo del contratto**: il valore complessivo del contratto, espresso in euro.
- **le modalità di aggiudicazione**: la procedura di gara che si intende utilizzare per scegliere il contraente.
- **i criteri di selezione**: i criteri che saranno utilizzati per valutare le offerte degli operatori economici.

La determina a contrarre deve essere adottata dal responsabile unico del procedimento (RUP), che è il soggetto incaricato di gestire la procedura di affidamento, ed è un atto vincolante per la stazione appaltante, che non può più recedere dal contratto senza una valida giustificazione.

La determina a contrarre è un atto fondamentale per la trasparenza e la concorrenza nell'affidamento dei contratti pubblici. Essa consente agli operatori economici di conoscere in anticipo le condizioni dell'affidamento e di presentare le loro offerte in modo consapevole.

La selezione dei partecipanti (art. 93 e seguenti, art. 167 e seguenti)

La selezione dei partecipanti nel codice dei contratti è finalizzata a garantire la massima trasparenza e concorrenza nell'affidamento dei contratti pubblici. Essa consente di selezionare gli operatori economici che hanno i requisiti necessari per eseguire il contratto e che sono in grado di offrire la migliore soluzione per la stazione appaltante.

Indipendentemente dalla modalità utilizzata, la selezione dei partecipanti deve basarsi su criteri oggettivi e non discriminatori. I criteri di selezione devono essere stabiliti dalla stazione appaltante e devono essere pubblicizzati nel bando di gara o nella lettera di invito.

I principali criteri di selezione sono i seguenti:
- **Idoneità professionale**: gli operatori economici devono essere in possesso di un'idoneità professionale, che può essere dimostrata attraverso la presentazione di un'attestazione SOA o di un certificato di qualificazione rilasciato da un organismo accreditato.
- **Capacità economico-finanziaria**: gli operatori economici devono essere in possesso di una capacità economico-finanziaria, che può essere dimostrata attraverso la presentazione di un bilancio o di un'autocertificazione.
- **Capacità tecnico-professionale**: gli operatori economici devono essere in possesso di una capacità tecnico-professionale, che può essere dimostrata attraverso la presentazione di referenze o di un curriculum vitae.

La stazione appaltante può anche prevedere l'utilizzo di altri criteri di selezione, come l'esperienza, la qualità dei servizi offerti o la sostenibilità ambientale che in alcuni ambiti ha una sua codificazione specifica attraverso i cosiddetti CAD, cioè **Criteri Ambientali Minimi**.

Presentazione delle offerte

La fase di presentazione delle offerte è una fase fondamentale dell'affidamento dei contratti pubblici. In questa fase, gli operatori economici presentano le loro offerte alla stazione appaltante. Le offerte devono essere conformi al bando di gara o alla lettera di invito e devono contenere tutte le informazioni necessarie per la valutazione.

Le offerte devono essere presentate entro il termine stabilito dalla stazione appaltante ed è indicato nel bando di gara o nella lettera di invito.
Le offerte possono essere presentate in forma cartacea o in forma elettronica. Il nuovo Codice accelera ulteriormente sulla forma digitale.
Le offerte devono essere devono contenere una serie di informazioni tra cui le più rilevanti sono:
- **dati identificativi dell'operatore economico**: nome, cognome, ragione sociale, indirizzo, partita IVA, codice fiscale.
- **dati identificativi del contratto**: oggetto, importo, durata.
- **prezzo o corrispettivo**: l'offerta deve contenere il prezzo o il corrispettivo proposto dall'operatore economico.
- **Altre informazioni** richieste dal bando di gara o dalla lettera di invito: l'offerta deve contenere tutte le altre informazioni richieste dal bando di gara o dalla lettera di invito.

Le offerte devono essere valutate dalla stazione appaltante, in base ai criteri di aggiudicazione stabiliti nel bando di gara o nella lettera di invito.

Tra gli aspetti da tenere in considerazione nella fase di presentazione delle offerte:
- **la conformità delle offerte** al bando di gara o alla lettera di invito: le offerte devono essere conformi al bando di gara o alla lettera di invito.
- **la completezza delle offerte**: le offerte devono essere complete di tutte le informazioni richieste dal bando di gara o dalla lettera di invito.
- **la tempestività della presentazione delle offerte**: le offerte devono essere presentate entro il termine stabilito dalla stazione appaltante. La fase di presentazione delle

offerte è una fase delicata dell'affidamento dei contratti pubblici. Gli operatori economici devono prestare particolare attenzione alla conformità delle offerte al bando di gara o alla lettera di invito, alla completezza delle offerte e alla tempestività della presentazione delle offerte.

La mancanza di questi aspetti può determinare l'esclusione dell'offerta dalla procedura. Il nuovo Codice aggiorna anche le i criteri del **soccorso istruttorio** che ha lo scopo di integrare le informazioni le carenze formali dell'offerta. Il concetto da evidenziare è che tale istituto, che comporta la possibilità di sanare eventuali documentazioni mancanti, vale solo per gli aspetti formali.

Valutazione delle offerte

In questa fase, la stazione appaltante valuta le offerte presentate dagli operatori economici, in base ai criteri di aggiudicazione stabiliti nel bando di gara o nella lettera di invito.

I criteri di aggiudicazione sono i criteri utilizzati per valutare le offerte e per determinare l'offerta migliore. I criteri di aggiudicazione possono essere economici, tecnici o misti.

I criteri economici sono i criteri che si basano sul prezzo o sul corrispettivo proposto dall'operatore economico. I criteri economici sono i più utilizzati nei contratti pubblici.

I criteri tecnici sono i criteri che si basano sulla qualità dei lavori, dei servizi o delle forniture offerti dall'operatore economico. I criteri tecnici sono utilizzati nei contratti pubblici in cui la qualità è un elemento importante.

I criteri misti sono i criteri che si basano sia sul prezzo o sul corrispettivo proposto dall'operatore economico, sia sulla qualità dei lavori, dei servizi o delle forniture offerti. I criteri misti sono utilizzati nei contratti pubblici in cui sia il prezzo che la qualità sono elementi importanti.

La valutazione delle offerte deve essere effettuata in modo imparziale e trasparente. La stazione appaltante deve adottare un sistema di valutazione che sia oggettivo e che consenta di individuare l'offerta migliore per la stazione appaltante.

Il sistema di valutazione deve essere pubblicato nel bando di gara o nella lettera di invito. Il sistema di valutazione deve indicare i criteri di aggiudicazione, il peso attribuito a ciascun criterio e il metodo di valutazione.

La stazione appaltante deve comunicare gli esiti della valutazione delle offerte ai partecipanti alla gara. La comunicazione deve indicare l'offerta migliore e le ragioni della scelta.

Aspetti della fase di valutazione delle offerte:

- **L'imparzialità della valutazione**: la valutazione delle offerte deve essere effettuata in modo imparziale, senza favoritismi per alcun operatore economico.

- **La trasparenza della valutazione**: la stazione appaltante deve rendere pubblici gli esiti della valutazione delle offerte, in modo che i partecipanti alla gara possano verificare la correttezza della valutazione.

- **L'efficienza della valutazione**: la valutazione delle offerte deve essere effettuata in modo efficiente, in modo da ridurre i tempi e i costi della procedura di affidamento.

Stipula del contratto

La fase di stipula del contratto è la fase finale dell'affidamento dei contratti pubblici. In questa fase, la stazione appaltante e l'operatore economico aggiudicatario stipulano il contratto, che contiene le condizioni economiche e contrattuali del rapporto.

Il contratto deve essere stipulato entro i termini stabiliti dalla stazione appaltante. Il termine di stipula del contratto è indicato nel bando di gara o nella lettera di invito.

Il contratto deve essere stipulato in forma scritta. La forma scritta è necessaria per garantire la validità del contratto e per tutelare gli interessi delle parti.

Il contratto deve contenere le seguenti informazioni:
- **oggetto del contratto**, i lavori, i servizi o le forniture che si intendono affidare.
- **importo del contratto**, il valore complessivo del contratto, espresso in euro.
- **durata del contratto**, la durata del contratto.
- **prezzo o corrispettivo**, il prezzo o il corrispettivo che l'operatore economico aggiudicatario deve corrispondere alla stazione appaltante.
- **altre informazioni** richieste dal bando di gara o dalla lettera di invito, il contratto deve contenere tutte le altre informazioni richieste dal bando di gara o dalla lettera di invito.

La stipula del contratto è una fase importante dell'affidamento dei contratti pubblici. Essa consente di dare avvio all'esecuzione del contratto e di garantire la tutela degli interessi delle parti. Per la stipula del contratto oltre alle disposizioni specifiche del Codice dei Contratti si fa riferimento anche alle disposizioni più generali del Codice Civile.

Stand still period

Lo stand still period è un periodo di tempo che intercorre tra la notifica dell'aggiudicazione definitiva e la stipula del contratto. Questo periodo è previsto dalla normativa europea in materia di appalti pubblici e ha la funzione di garantire a tutti i partecipanti alla gara la possibilità di impugnare l'aggiudicazione definitiva dinanzi all'autorità giudiziaria o amministrativa.

In Italia, lo stand still period è previsto dall'articolo 18, comma 3, del Codice dei contratti pubblici: "Il contratto non può essere stipulato prima di trentacinque giorni dall'invio dell'ultima delle comunicazioni del provvedimento di aggiudicazione".

La stazione appaltante può, tuttavia, avviare le procedure per l'esecuzione del contratto, come ad esempio la richiesta di autorizzazione ai lavori o la richiesta di acquisizione di immobili.

Casi in cui non si applica:
a) quando è stata ammessa una sola offerta e non sono state tempestivamente proposte impugnazioni o sono già state respinte con decisione definitiva;
b) appalti basati su un accordo quadro;
c) appalti specifici basati su un sistema dinamico di acquisizione;
d) di contratti di importo inferiore alle soglie europee.

Ambiti di applicazione del Codice dei contratti

A quali contratti pubblici si applica il Codice dei contratti

CONTRATTI DI APPALTO

contratti a titolo oneroso
Le stazioni appaltanti affidano **l'esecuzione di lavori, la fornitura di prodotti o la prestazione di servizi**

Differenza:
nell'appalto l'operatore esegue
nella concessione l'operatore realizza e gestisce

CONTRATTI DI CONCESSIONE

contratti a titolo oneroso
Le stazioni appaltanti affidano **la realizzazione e/o la gestione di un'opera o di un servizio a fronte del pagamento di un canone**

L'esecutore assume anche il rischio operativo della gestione

CONCORSI PUBBLICI DI PROGETTAZIONE

Le stazioni appaltanti incaricano uno o più operatori economici di redigere uno o più progetti per la realizzazione di lavori, la fornitura di prodotti o la prestazione di servizi

LE MAPPE DI PIERRE

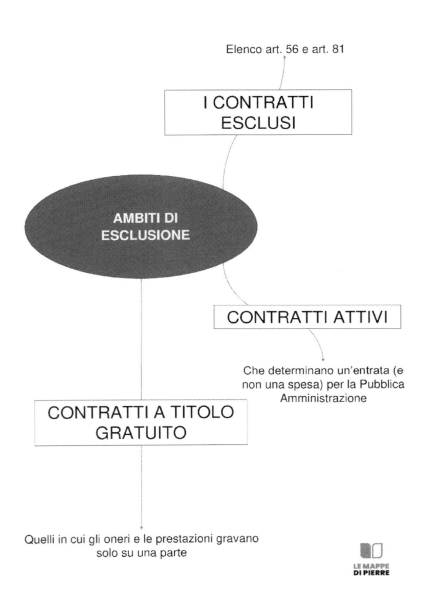

4. AMBITO DI APPLICAZIONE DEL NUOVO CODICE

Il Nuovo Codice dei Contratti, approvato con il Decreto Legislativo 18 aprile 2022, n. 36, ha una portata molto ampia. Esso disciplina i contratti pubblici di appalto e di concessione delle amministrazioni aggiudicatrici e degli enti aggiudicatori, aventi ad oggetto l'acquisizione di servizi, forniture, lavori e opere, nonché i concorsi pubblici di progettazione.

In particolare, il codice si applica ai seguenti contratti pubblici:

- contratti di appalto: i contratti a titolo oneroso in cui una o più stazioni appaltanti affidano, a uno o più operatori economici, l'esecuzione di lavori, la fornitura di prodotti o la prestazione di servizi.

- Contratti di concessione: i contratti a titolo oneroso in cui una o più stazioni appaltanti affidano a uno o più operatori economici la realizzazione e/o la gestione di un'opera o di un servizio a fronte del pagamento di un canone.

- Concorsi pubblici di progettazione: i concorsi pubblici in cui una o più stazioni appaltanti incaricano uno o più operatori economici di redigere uno o più progetti per la realizzazione di lavori, la fornitura di prodotti o la prestazione di servizi.

Come si può definire un contratto pubblico?

Un contratto pubblico è un contratto stipulato tra una pubblica amministrazione e un operatore economico, avente ad oggetto l'acquisizione di beni, servizi o lavori, ovvero la realizzazione di opere.

Riprendendo la suddivisione appena vista, i contratti pubblici possono essere suddivisi in due categorie principali: contratti di appalto e contratti di concessione.

Qual è la differenza tra appalti e concessioni?

La differenza principale tra appalti e concessioni è che, nell'appalto, l'operatore economico svolge un ruolo di mero esecutore, mentre nella concessione svolge un ruolo di gestore dell'opera o del servizio.

In un contratto di appalto, l'operatore economico si impegna a eseguire i lavori, fornire i prodotti o prestare i servizi secondo le specifiche stabilite dalla pubblica amministrazione. La pubblica amministrazione paga l'operatore economico per i lavori, i prodotti o i servizi forniti.

In un contratto di concessione, l'operatore economico si impegna a realizzare e/o gestire l'opera o il servizio per un periodo di tempo determinato. La pubblica amministrazione paga all'operatore economico un canone per l'utilizzo dell'opera o del servizio.

Un'altra differenza tra appalti e concessioni riguarda il rischio operativo. Nell'appalto, il rischio operativo è a carico della pubblica amministrazione. La pubblica amministrazione è responsabile di eventuali errori o omissioni dell'operatore economico.

Nella concessione, il rischio operativo è a carico dell'operatore economico. L'operatore economico è responsabile di eventuali errori o omissioni che possano compromettere la realizzazione o la gestione dell'opera o del servizio.

Ambiti esclusi dal Codice dei Contratti

Sono tre le tipologie di contratti a cui non si applicano i principi e le disposizioni del nuovo Codice. Esse sono espressamente individuate nell'art. 13 *"Le disposizioni del codice non si applicano ai contratti esclusi, ai contratti attivi e ai contratti a titolo gratuito, anche qualora essi offrano opportunità di guadagno economico, anche indiretto"*.

I contratti esclusi sono individuati da due diversi articoli:

Articolo 56, relativo agli appalti esclusi, che prevede tra l'altro i seguenti ambiti di esclusione: servizi aggiudicati da una stazione appaltante a un ente che sia una stazione appaltante o a un'associazione di stazioni appaltanti in base a un diritto esclusivo; finalizzati a permettere alle stazioni appaltanti la messa a disposizione o la gestione di reti di telecomunicazioni o la prestazione al pubblico di uno o più servizi di comunicazioni elettroniche; stazioni appaltanti che aggiudicano in base a norme previste da un'organizzazione internazionale o da un'istituzione finanziaria internazionale, quando gli appalti sono interamente finanziati dalla stessa organizzazione o istituzione; aventi ad oggetto l'acquisto o la locazione, quali che siano le relative modalità finanziarie, di terreni, fabbricati esistenti o altri beni immobili o riguardanti diritti su tali beni; aventi ad oggetto l'acquisto, lo sviluppo, la produzione o coproduzione di programmi o materiali associati ai programmi destinati ai servizi di media audiovisivi o radiofonici che sono aggiudicati da fornitori di servizi di media audiovisivi o radiofonici; i servizi d'arbitrato e di conciliazione; specifiche categorie di servizi legali; i servizi finanziari e prestiti; i contratti di lavoro; servizi di difesa civile, di protezione civile e di prevenzione contro i pericoli forniti da organizzazioni e associazioni senza scopo di lucro; servizi di trasporto pubblico di passeggeri per ferrovia o metropolitana; servizi connessi a campagne politiche, acquisti agricoli entro certe limiti da comuni totalmente montani.

Articolo 181 che prevede:
1. I servizi non economici d'interesse generale non rientrano nell'ambito di applicazione della presente Parte.

2. La presente Parte non si applica altresì alle concessioni di cui agli articoli 10, 11, 12, 13, 14, 16, 17 della direttiva 2014/23/UE del Parlamento europeo e del Consiglio, del 26 febbraio 2014.
3. All'affidamento dei contratti di concessione esclusi dall'ambito di applicazione della presente Parte si applicano i principi dettati dal Titolo I della Parte I del Libro I.

Le disposizioni non si applicano ai **contratti attivi**, quelli cioè che non determinano una spesa ma un'entrata per la Pubblica Amministrazione.

Il codice non si applica altresì ai **contratti a titolo gratuito**, definiti dall'art. 2, lettera g dell'allegato I.2: i *contratti in cui l'obbligo di prestazione o i sacrifici economici direttamente previsti nel contratto gravano solo su una o alcune delle parti contraenti;*

I settori speciali

regolamenti specifici per l'accesso al mercato
regolamenti specifici per la gestione dei contratti

Hanno una disciplina specifica ⟶ RATIO garantire concorrenza e tutela utenti in settore dove esistono diritti esclusivi

SETTORI SPECIALI

quelli in cui operano soggetti privati che hanno un diritto esclusivo o speciale di fornire servizi o beni

ENERGIA ELETTRICA
GAS ED ENERGIA TERMICA
ACQUA
TRASPORTI
PORTI E AEROPORTI
SERVIZI POSTALI

REGOLE SPECIFICHE

Trasparenza gare
Contro abuso posizione dominante
Tutela utenti

COME SI CALCOLA L'IMPORTO STIMATO DI UN APPALTO

È il costo totale

APPALTO DI LAVORI

INCLUDE
i costi di progettazione, costruzione, installazione, manutenzione e gestione

APPALTO DI FORNITURE

INCLUDE
i costi di trasporto, installazione e manutenzione

APPALTO DI SERVIZI

INCLUDE
i costi di progettazione, esecuzione e gestione

LE MAPPE
DI PIERRE

I settori speciali

I settori speciali previsti dal codice dei contratti sono quelli in cui operano soggetti privati che hanno un diritto esclusivo o speciale di fornire servizi o beni. Questi settori sono regolati da una disciplina specifica, diversa da quella dei settori ordinari.

I settori speciali previsti dal codice dei contratti sono i seguenti:
- **energia elettrica**, i contratti di appalto e concessione di servizi di produzione, trasporto, distribuzione e vendita di energia elettrica.
- **gas ed energia termica**, i contratti di appalto e concessione di servizi di produzione, trasporto, distribuzione e vendita di gas e di energia termica.
- **acqua**, i contratti di appalto e concessione di servizi di captazione, potabilizzazione, distribuzione e smaltimento delle acque.
- **trasporti**, i contratti di appalto e concessione di servizi di trasporto pubblico e privato, di trasporto marittimo e aereo.
- **porti e aeroporti**, i contratti di appalto e concessione di servizi di gestione e manutenzione di porti e aeroporti.
- **servizi postali**, i contratti di appalto e concessione di servizi di raccolta, smistamento e consegna di corrispondenza.

I settori speciali sono regolati da una disciplina specifica per garantire la concorrenza e la tutela degli utenti. In particolare, la disciplina dei settori speciali prevede:

- regolamenti specifici per l'accesso al mercato, i soggetti privati che operano nei settori speciali devono rispettare determinati requisiti per poter accedere al mercato.
- regolamenti specifici per la gestione dei contratti, i contratti nei settori speciali sono soggetti a una disciplina specifica che mira a garantire la concorrenza e la tutela degli utenti.

La disciplina dei settori speciali è stata introdotta per garantire la concorrenza e la tutela degli utenti in settori in cui operano soggetti privati che hanno un diritto esclusivo o speciale di fornire servizi o beni.

Quali regole specifiche si applicano ai settori speciali

Le regole specifiche che si applicano ai settori speciali del codice dei contratti sono le seguenti:

- accesso al mercato, i soggetti privati che operano nei settori speciali devono rispettare determinati requisiti per poter accedere al mercato. I requisiti di accesso al mercato sono stabiliti da norme di legge o di regolamento.
- concorrenza, i contratti nei settori speciali sono soggetti a una disciplina specifica che mira a garantire la concorrenza. In particolare, la disciplina della concorrenza prevede:
    - regole per la trasparenza delle gare d'appalto;
    - regole per la prevenzione degli abusi di posizione dominante;
    - regole per la tutela della concorrenza nelle gare d'appalto.
- tutela degli utenti: i contratti nei settori speciali sono soggetti a una disciplina specifica che mira a tutelare gli utenti. In particolare, la disciplina della tutela degli utenti prevede: regole per la qualità dei servizi; regole per la trasparenza dei prezzi; regole per la tutela dei consumatori.

Inoltre, i settori speciali sono regolati da una serie di regole specifiche che variano a seconda del settore di riferimento. Ad esempio, il settore dell'energia elettrica è regolato dal decreto legislativo n. 79/1999, il settore del gas ed energia termica è regolato dal decreto legislativo n. 164/2000, il settore dell'acqua è regolato dal decreto legislativo n. 152/2006, il settore dei trasporti è regolato dal decreto legislativo n. 285/1992, il settore dei porti e aeroporti è regolato dal decreto legislativo n. 196/2005, il settore dei servizi postali è regolato dal decreto legislativo n. 261/1999.

Come si calcola l'importo stimato

L'importo stimato di un appalto è un valore che viene calcolato dalla stazione appaltante per determinare la procedura di gara da seguire. L'importo stimato è basato sul valore totale pagabile al netto dell'IVA, valutato dall'amministrazione aggiudicatrice o dall'ente aggiudicatore. Il calcolo tiene conto dell'importo massimo stimato, ivi compresa qualsiasi forma di opzione o rinnovo del contratto esplicitamente stabiliti nei documenti di gara.

Il calcolo dell'importo stimato deve essere effettuato con la massima accuratezza possibile. La stazione appaltante deve tener conto di tutti i costi che saranno sostenuti per l'esecuzione dell'appalto, inclusi i costi di progettazione, costruzione, installazione, manutenzione e gestione.

L'importo stimato è importante perché determina la procedura di gara da seguire. In particolare, se l'importo stimato è inferiore alle soglie europee, la stazione appaltante può seguire una procedura di gara semplificata. Se l'importo stimato è superiore alle soglie europee, la stazione appaltante deve seguire una procedura di gara ordinaria.

Ecco alcuni esempi di calcolo dell'importo stimato:

- Appalto di lavori: l'importo stimato è pari al costo totale dei lavori, inclusi i costi di progettazione, costruzione, installazione, manutenzione e gestione.

- Appalto di forniture: l'importo stimato è pari al costo totale delle forniture, inclusi i costi di trasporto, installazione e manutenzione.

- Appalto di servizi: l'importo stimato è pari al costo totale dei servizi, inclusi i costi di progettazione, esecuzione e gestione.

In caso di appalti misti, l'importo stimato è pari alla somma dei costi dei lavori, delle forniture e dei servizi oggetto dell'appalto.

Digitalizzazione dei contratti pubblici

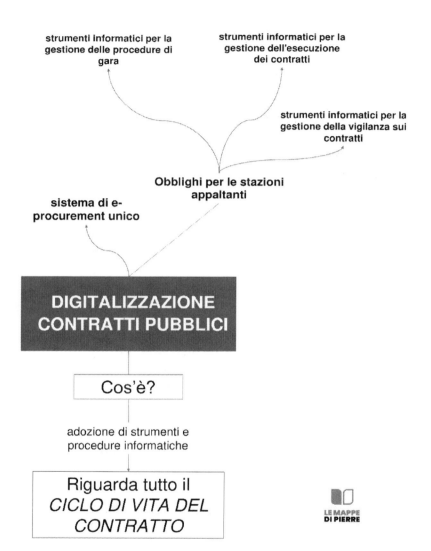

```
                                    ┌─────────────────────┐
                                    │       BDNCP         │
                                    │    BANCA DATI       │
                                    │   NAZIONALE DEI     │
                                    │  CONTRATTI PUBBLCI  │
                                    └─────────────────────┘

    ┌───────────────────────────┐
    │     DIGITALIZZAZIONE      │
    │     CONTRATTI PUBBLICI    │
    └───────────────────────────┘

    ┌─────────────────────┐
    │  STRUMENTI GENERALI │
    └─────────────────────┘

                        ┌─────────────────────────┐
                        │          FVOe           │
                        │   FASCICOLO VIRTUALE    │
                        │    DEGLI OPERATORI      │
                        │       ECONOMICI         │
                        └─────────────────────────┘

    ┌─────────────────────────────────────┐
    │        PIATTAFORME DI               │
    │    APPROVVIGIONAMENTO               │
    │    DIGITALE E SISTEMI DI            │
    │ ACQUISIZIONE DINAMICA SDAPA         │
    └─────────────────────────────────────┘
```

PROCEDURE AUTOMATIZZATE DI ACQUISIZIONE

LE MAPPE
DI PIERRE

5. COS'È LA DIGITALIZZAZIONE DEI CONTRATTI PUBBLICI?

La digitalizzazione del ciclo di vita dei contratti prevista dal nuovo codice dei contratti (art. 19 e seguenti) consiste nell'adozione di strumenti e procedure informatiche per la gestione di tutte le fasi del contratto, dalla programmazione alla stipula, all'esecuzione e alla vigilanza.

In particolare, la digitalizzazione del ciclo di vita dei contratti si concretizza nelle seguenti disposizioni:

- **la creazione di un sistema di e-procurement unico** per la gestione delle procedure di gara. Il sistema di e-procurement dovrà consentire alle stazioni appaltanti di pubblicare i bandi di gara, ricevere le offerte degli operatori economici e valutare le offerte in modo elettronico.
- **l'obbligo per le stazioni appaltanti di utilizzare strumenti informatici per la gestione delle procedure di gara**. Le stazioni appaltanti dovranno utilizzare strumenti informatici per la gestione delle procedure di gara, come ad esempio la piattaforma di e-procurement, i sistemi di fatturazione elettronica e i sistemi di gestione documentale.
- **l'obbligo per le stazioni appaltanti di utilizzare strumenti informatici per la gestione dell'esecuzione dei contratti**. Le stazioni appaltanti dovranno utilizzare strumenti informatici per la gestione dell'esecuzione dei contratti, come ad esempio i sistemi di gestione dei progetti e i sistemi di monitoraggio dei pagamenti.
- **l'obbligo per le stazioni appaltanti di utilizzare strumenti informatici per la gestione della vigilanza sui contratti**. Le stazioni appaltanti dovranno utilizzare strumenti informatici per la gestione della vigilanza sui contratti, come ad esempio i sistemi di gestione dei reclami e dei contenziosi.

La digitalizzazione del ciclo di vita dei contratti è un obiettivo importante del nuovo codice dei contratti, che mira a migliorare l'efficienza, l'efficacia e la trasparenza nella gestione dei contratti pubblici. Tra i vantaggi della digitalizzazione del ciclo di vita dei contratti:

- miglioramento dell'efficienza. La digitalizzazione può contribuire a ridurre i tempi e i costi di gestione dei contratti pubblici;
- miglioramento dell'efficacia. La digitalizzazione può contribuire a migliorare la qualità dei contratti pubblici;
- miglioramento della trasparenza. La digitalizzazione può contribuire a migliorare la trasparenza delle procedure di gara e dell'esecuzione dei contratti pubblici.

Banca dati nazionale dei Contratti Pubblici

La Banca dati nazionale dei Contratti Pubblici (BDNCP) è un sistema informatico che raccoglie e pubblica informazioni relative agli appalti pubblici in Italia. La BDNCP è gestita dall'Autorità Nazionale Anticorruzione (ANAC).

La BDNCP contiene informazioni relative a tutti gli appalti pubblici in Italia, con importo stimato pari o superiore a 40.000 euro. Le informazioni contenute nella BDNCP includono:

- Dati generali dell'appalto: importo stimato, oggetto dell'appalto, tipo di procedura, modalità di aggiudicazione, data di pubblicazione del bando di gara;
- Dati di contatto della stazione appaltante;
- Dati dell'operatore economico aggiudicatario;
- Dati relativi al contratto: data di stipula del contratto, durata del contratto, entità del contratto.

Le informazioni contenute nella BDNCP sono pubbliche e possono essere consultate da chiunque. La BDNCP è uno strumento importante per la trasparenza degli appalti pubblici. Consente agli operatori economici di trovare informazioni sugli appalti pubblici in corso e di presentare le loro offerte. Consente inoltre ai cittadini di monitorare gli appalti pubblici e di verificare che siano assegnati in modo trasparente e corretto.

Il fascicolo virtuale degli operatori economici (FVOe)

Il Fascicolo Virtuale degli Operatori Economici (FVOe) è un servizio online che consente agli operatori economici di caricare e conservare i documenti necessari per partecipare alle gare d'appalto. Il FVOE è gestito dall'Autorità Nazionale Anticorruzione (ANAC).

Il FVOE è obbligatorio per tutti gli operatori economici che intendono partecipare alle gare d'appalto con importo stimato pari o superiore a 40.000 euro. Il FVOE consente alle stazioni appaltanti di verificare i requisiti di partecipazione degli operatori economici in modo più rapido e semplice.

I documenti che possono essere caricati nel FVOE includono:
- documenti di identità e certificati di iscrizione al registro delle imprese.
- documenti attestanti la capacità economica e finanziaria.
- documenti attestanti la capacità tecnica e professionale.
- documenti attestanti l'assenza di cause di esclusione.

Piattaforme di approvvigionamento digitali e sistemi dinamici di acquisizione

Le piattaforme di approvvigionamento digitali (e-procurement) sono sistemi informatici che consentono alle pubbliche amministrazioni di gestire le gare d'appalto in formato digitale. Le piattaforme di e-procurement consentono di automatizzare molte delle attività relative alle gare d'appalto, come la pubblicazione dei bandi di gara, la ricezione delle offerte, la valutazione delle offerte e l'aggiudicazione degli appalti.

I sistemi dinamici di acquisizione (SDAPA) sono una particolare tipologia di piattaforma di e-procurement che consente alle pubbliche amministrazioni di effettuare acquisti di beni, servizi e lavori di uso corrente. I SDAPA sono basati su un processo in due fasi:

- fase di pre-qualifica: in questa fase, gli operatori economici interessati possono registrarsi sulla piattaforma e fornire le informazioni necessarie per essere ammessi al sistema.
- fase di negoziazione: in questa fase, gli operatori economici ammessi possono presentare offerte per l'appalto. La stazione appaltante negozia con gli operatori economici per ottenere il miglior prezzo e le migliori condizioni contrattuali.

I SDAPA sono uno strumento importante per le pubbliche amministrazioni per razionalizzare la spesa e per semplificare i processi di procurement pubblico. I SDAPA consentono alle pubbliche amministrazioni di confrontare le offerte di diversi operatori economici in modo semplice e veloce. Inoltre, i SDAPA consentono alle pubbliche amministrazioni di negoziare con gli operatori economici per ottenere il miglior prezzo e le migliori condizioni contrattuali.

In cosa consistono le procedure automatizzate generali previste nel codice dei contratti?

Le procedure automatizzate generali possono essere utilizzate per la gestione di tutte le fasi del contratto, dalla programmazione alla stipula, all'esecuzione e alla vigilanza.

In particolare, le procedure automatizzate generali possono essere utilizzate per:

- **la valutazione delle offerte**. Le stazioni appaltanti possono utilizzare procedure automatizzate per la valutazione delle offerte, in base a criteri predefiniti.
- **La selezione degli operatori economici**. Le stazioni appaltanti possono utilizzare procedure automatizzate per la selezione degli operatori economici, in base a criteri predefiniti.
- **La stipula dei contratti**. Le stazioni appaltanti possono utilizzare procedure automatizzate per la stipula dei contratti, in base a modelli predefiniti.
- **L'esecuzione dei contratti**. Le stazioni appaltanti possono utilizzare procedure automatizzate per l'esecuzione dei contratti, come ad esempio il monitoraggio dei pagamenti e la gestione dei reclami.
- **La vigilanza sui contratti**. Le stazioni appaltanti possono utilizzare procedure automatizzate per la vigilanza sui contratti, come ad esempio il monitoraggio dell'avanzamento dei lavori e la gestione dei contenziosi.

Le procedure automatizzate generali presentano una serie di vantaggi, tra cui:
- **Miglioramento dell'efficienza**. Le procedure automatizzate possono contribuire a ridurre i tempi e i costi di gestione dei contratti pubblici.
- **Miglioramento dell'efficacia**. Le procedure automatizzate possono contribuire a migliorare la qualità dei contratti pubblici.
- **Miglioramento della trasparenza**. Le procedure automatizzate possono contribuire a migliorare la trasparenza delle procedure di gara e dell'esecuzione dei contratti pubblici.

Limiti delle procedure automatizzate generali. Le procedure automatizzate generali presentano anche alcuni limiti, tra cui:
- **Possibili discriminazioni**. Le procedure automatizzate possono essere soggette a discriminazioni, in quanto si basano su algoritmi che possono essere predisposti in modo da favorire o sfavorire alcuni operatori economici.

- **Complessità**. I criteri utilizzati dalle procedure automatizzate possono essere complessi e non sempre facilmente comprensibili.

La disciplina delle procedure automatizzate generali è contenuta nell'articolo 30 del nuovo codice dei contratti.

L'articolo 30 prevede che le procedure automatizzate generali devono rispettare i seguenti principi:

- **Legalità**. Le procedure automatizzate generali devono essere conformi al diritto dell'Unione europea e alla normativa nazionale.
- **Trasparenza**. Le procedure automatizzate generali devono essere trasparenti, in modo che gli operatori economici possano comprendere i criteri utilizzati e i risultati raggiunti.
- **Equità**. Le procedure automatizzate generali devono essere eque, in modo che tutti gli operatori economici abbiano pari opportunità di partecipare alle procedure di gara.

L'articolo 30 prevede inoltre che le stazioni appaltanti devono pubblicare sul proprio sito web una dichiarazione in cui sono indicati i criteri e le modalità di utilizzo delle procedure automatizzate generali.

Il programma triennale dei lavori

IL PROGRAMMA TRIENNALE DEI LAVORI

contiene l'elenco dei lavori pubblici che un'amministrazione intende realizzare nell'arco di tre anni

Deve essere coerente con il bilancio

Aggiornato annualmente

PROGETTAZIONE LAVORI

definizione delle caratteristiche tecniche e funzionali dell'opera da realizzare

Figura chiave
PROGETTISTA

DUE LIVELLI

Fattibilità tecnico-economica

Progetto esecutivo

LE MAPPE
DI PIERRE

6. IL PROGRAMMA TRIENNALE DEI LAVORI

Il programma triennale dei lavori del codice dei contratti è un documento che contiene l'elenco dei lavori pubblici che un'amministrazione intende realizzare nell'arco di tre anni. La programmazione triennale deve essere approvata dall'organo deliberante dell'amministrazione e deve essere pubblicata sul sito web dell'amministrazione.

Il programma triennale deve essere coerente con il bilancio dell'amministrazione e con i documenti di programmazione economico-finanziaria. Deve inoltre essere basata su una valutazione delle esigenze dell'amministrazione e delle risorse disponibili.

Il programma deve essere aggiornato annualmente, con l'approvazione di un aggiornamento che contenga i lavori pubblici che l'amministrazione intende realizzare nell'anno successivo.

Ecco i passaggi per la redazione del programma triennale dei lavori:

1. **Definizione degli obiettivi dell'amministrazione**, le amministrazioni devono definire gli obiettivi che intendono raggiungere con la programmazione triennale dei lavori. Questi obiettivi possono essere di natura economica, sociale o ambientale.

2. **Valutazione delle esigenze dell'amministrazione**, le amministrazioni devono valutare le esigenze che intendono soddisfare con la programmazione triennale dei lavori. Queste esigenze possono essere di natura infrastrutturale, sociale o ambientale.

3. **Analisi delle risorse disponibili**, le amministrazioni devono analizzare le risorse disponibili per la programmazione triennale dei lavori. Queste risorse possono essere di natura finanziaria, tecnica o umana.

4. **Redazione della programmazione triennale**, le amministrazioni devono redigere la programmazione triennale dei lavori sulla base dei risultati delle fasi precedenti. La programmazione triennale deve essere approvata dall'organo deliberante dell'amministrazione e pubblicata sul sito web dell'amministrazione.

5. **Aggiornamento annuale**, le amministrazioni devono aggiornare la programmazione triennale dei lavori annualmente, con l'approvazione di un aggiornamento che contenga i lavori pubblici che l'amministrazione intende realizzare nell'anno successivo.

Progettazione dei lavori

La progettazione dei lavori nel codice dei contratti è un processo che consiste nel definire le caratteristiche tecniche e funzionali dell'opera da realizzare.

Il codice dei contratti prevede che la progettazione dei lavori sia effettuata da un progettista qualificato, tanto interno quanto esterno alla P.A.

Il progettista è responsabile della redazione del progetto, che deve essere conforme ai requisiti stabiliti dal codice dei contratti e dalle norme di legge. Il progetto deve contenere le seguenti informazioni:

- **Descrizione delle caratteristiche tecniche e funzionali dell'opera**: il progetto deve descrivere in modo dettagliato le caratteristiche tecniche e funzionali dell'opera. Queste informazioni devono essere sufficienti per consentire l'esecuzione dell'opera in modo efficiente e conforme alle esigenze dell'amministrazione.

- **Calcoli e stime**: il progetto deve contenere i calcoli e le stime necessari per la realizzazione dell'opera. Queste informazioni devono essere sufficienti per consentire l'individuazione del costo dell'opera.

- **Normative e leggi applicabili**: il progetto deve indicare le normative e le leggi applicabili alla realizzazione dell'opera.

Il progetto deve essere approvato dall'amministrazione prima dell'avvio dei lavori.

La progettazione dei lavori può essere articolata in uno o più livelli, a seconda della complessità dell'opera. Il codice dei contratti prevede che la progettazione dei lavori pubblici si articoli in due livelli:

- **Progetto di fattibilità tecnico-economica**: il progetto di fattibilità tecnico-economica è il livello preliminare della progettazione. Il progetto di fattibilità tecnico-economica deve indicare la soluzione progettuale migliore in relazione alle esigenze dell'amministrazione e al costo dell'opera.
- **Progetto esecutivo**: il progetto esecutivo è il livello definitivo della progettazione. Il progetto esecutivo deve contenere tutte le informazioni necessarie per l'esecuzione dell'opera, inclusa la descrizione dettagliata dei lavori, i calcoli e le stime.

Validazione del progetto

La validazione del progetto è necessaria per i contratti relativi ai lavori, sia in caso di affidamento diretto che in caso di gara d'appalto.

La validazione è un processo che consiste nel verificare la rispondenza del progetto alle esigenze espresse nel documento d'indirizzo e la sua conformità alla normativa vigente. La validazione del progetto è dunque un atto formale che riporta gli esiti della verifica e fa preciso riferimento al rapporto conclusivo del soggetto preposto alla verifica e alle eventuali controdeduzioni del progettista.

Il soggetto preposto alla validazione del progetto è individuato dal codice dei contratti, che prevede che possa essere:

- Un soggetto interno all'amministrazione, in possesso di specifiche competenze tecniche e professionali;
- Un soggetto esterno all'amministrazione, individuato tramite una procedura di gara o di evidenza pubblica.

Nel caso in cui il soggetto preposto alla validazione del progetto sia un soggetto interno all'amministrazione, il processo di validazione è disciplinato da una specifica procedura interna.

Nel caso in cui il soggetto preposto alla validazione del progetto sia un soggetto esterno all'amministrazione, il processo di validazione è disciplinato dal codice dei contratti, che prevede che il soggetto esterno debba essere qualificato per la verifica e la validazione dei progetti.

La validazione del progetto deve essere effettuata entro 30 giorni dalla data di ricevimento del progetto da parte del soggetto preposto alla validazione.

Nel caso in cui il progetto non sia conforme alle esigenze espresse nel documento d'indirizzo o alla normativa vigente, il soggetto preposto alla validazione deve formulare le proprie osservazioni al progettista, che deve provvedere alla loro eliminazione o modifica.

Una volta che il progetto è stato validato, è possibile procedere con l'avvio delle procedure di gara d'appalto o con l'affidamento diretto dei lavori.

Incentivi tecnici a beneficio del personale della Stazione appaltante

Gli incentivi tecnici a beneficio del personale della Stazione appaltante sono un'indennità aggiuntiva alla retribuzione ordinaria che viene corrisposta ai dipendenti delle stazioni appaltanti che svolgono attività tecniche inerenti alla procedura di affidamento di contratti pubblici. Tale previsione, già presente nel vecchio codice, viene riproposta in forma rinnovata.

Gli incentivi tecnici sono riconosciuti per le **attività tecniche** svolte dal personale della stazione appaltante nell'ambito delle seguenti fasi della procedura di affidamento di contratti pubblici. Tali attività sono specificate nell'allegato I.10:
- programmazione della spesa per investimenti;
- responsabile unico del progetto;
- collaborazione all'attività del responsabile unico del progetto (responsabili e addetti alla gestione tecnico-amministrativa dell'intervento)
- redazione del documento di fattibilità delle alternative progettuali;
- redazione del progetto di fattibilità tecnica ed economica;
- redazione del progetto esecutivo;
- coordinamento per la sicurezza in fase di progettazione;
- verifica del progetto ai fini della sua validazione;
- predisposizione dei documenti di gara;
- direzione dei lavori;
- ufficio di direzione dei lavori (direttore/i operativo/i, ispettore/i di cantiere);
- coordinamento per la sicurezza in fase di esecuzione;
- direzione dell'esecuzione;
- collaboratori del direttore dell'esecuzione
- coordinamento della sicurezza in fase di esecuzione;
- collaudo tecnico-amministrativo;
- regolare esecuzione;
- verifica di conformità;
- collaudo statico (ove necessario).

A quanto ammontano? Sono conferiti in misura non superiore al 2 per cento dell'importo dei lavori, dei servizi e delle forniture, posto a base delle procedure di affidamento e non possono superare il 100% della retribuzione lorda del dipendente (prima era il 50%).

L'articolo 45 prevede che le stazioni appaltanti debbano adottare un regolamento per la disciplina degli incentivi tecnici.

Il regolamento deve prevedere, in particolare, i seguenti elementi:
- I criteri di attribuzione degli incentivi.
- La tipologia di incentivi erogabili.
- L'importo degli incentivi economici.
- La procedura per la presentazione delle candidature.

Contratti di importo inferiore alle soglie europee

PRINCIPIO DI ROTAZIONE

impone alle pubbliche amministrazioni di affidare i contratti pubblici a operatori economici diversi da quelli che hanno già svolto lo stesso tipo di contratto negli ultimi tre anni

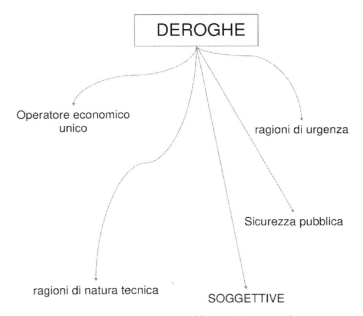

DEROGHE

Operatore economico unico

ragioni di urgenza

Sicurezza pubblica

ragioni di natura tecnica

SOGGETTIVE

L'accurata esecuzione
la necessità di garantire la continuità
condizioni di mercato

AFFIDAMENTO DIRETTO

procedura di affidamento di un contratto pubblico che consente all'amministrazione di aggiudicare il contratto a un operatore economico senza ricorrere a una gara d'appalto

A patto che

I soggetti scelti devono avere esperienze pregresse idonee all'esecuzione delle prestazioni contrattuali

L'importo del contratto non deve superare la soglia dei 150.000 euro per lavori e 140.000 euro per servizi e forniture

LE MAPPE
DI PIERRE

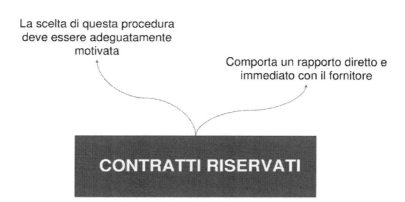

CONTRATTI RISERVATI

La scelta di questa procedura deve essere adeguatamente motivata

Comporta un rapporto diretto e immediato con il fornitore

aggiudicare un contratto senza ricorrere a una procedura di gara, ma semplicemente interpellando un operatore economico preselezionato

QUANDO SI POSSO UTILIZZARE?

- operatore economico che ha un diritto esclusivo
- operatore economico che è il solo in grado di eseguire il contratto
- operatore economico che ha un brevetto o un marchio registrato

LE MAPPE DI PIERRE

7. CONTRATTI DI IMPORTO INFERIORE ALLE SOGLIE EUROPEE

I contratti di importo inferiore alle soglie europee sono contratti pubblici il cui valore stimato non supera le soglie di rilevanza comunitaria.

Le soglie di rilevanza comunitaria sono determinate dal diritto dell'Unione Europea e vengono aggiornate ogni anno. Per il 2023, le soglie di rilevanza comunitaria sono le seguenti:

a) euro 5.382.000 per gli appalti pubblici di lavori e per le concessioni;
b) euro 140.000 per gli appalti pubblici di forniture, di servizi e per i concorsi pubblici di progettazione aggiudicati dalle stazioni appaltanti che sono autorità governative centrali indicate nell'allegato I alla direttiva 2014/24/UE del Parlamento europeo e del Consiglio, del 26 febbraio 2014 (....);
c) euro 215.000 per gli appalti pubblici di forniture, di servizi e per i concorsi pubblici di progettazione aggiudicati da stazioni appaltanti sub-centrali(....);
d) euro 750.000 per gli appalti di servizi sociali e assimilati elencati all'allegato XIV alla direttiva sopracitata.

Nei settori speciali, le soglie di rilevanza europea sono:
a) euro 5.382.000 per gli appalti di lavori;
b) euro 431.000 per gli appalti di forniture, di servizi e per i concorsi pubblici di progettazione;
c) euro 1.000.000 per i contratti di servizi, per i servizi sociali e assimilati (...). I contratti di importo inferiore alle soglie europee sono disciplinati dal codice dei contratti pubblici, che prevede che questi contratti possano essere affidati con procedure semplificate rispetto a quelle previste per i contratti di importo superiore alle soglie europee.

Il codice dei contratti pubblici prevede una serie di requisiti che devono essere rispettati per l'affidamento dei contratti di importo inferiore alle soglie europee. Tra questi requisiti, quelli cardini riguardano: la trasparenza, la pubblicità, la concorrenza.

Il principio di rotazione

Il principio di rotazione impone alle pubbliche amministrazioni di affidare i contratti pubblici a operatori economici diversi da quelli che hanno già svolto lo stesso tipo di contratto negli ultimi tre anni.

Il principio di rotazione è volto a garantire la concorrenza tra gli operatori economici e a prevenire il fenomeno dell'oligopolio, ossia la concentrazione del mercato nelle mani di pochi operatori economici.

Il principio di rotazione si applica a tutti i contratti pubblici di importo inferiore alle soglie europee, esclusi i contratti di servizi di natura intellettuale e i contratti di servizi sociali.

Il principio di rotazione **non si applica nei seguenti casi**:

- In caso di affidamento diretto di un contratto pubblico a un operatore economico unico, in quanto in questo caso non è possibile effettuare una scelta tra più operatori economici.

- In caso di affidamento diretto di un contratto pubblico per ragioni di urgenza, in quanto in questo caso non è possibile rispettare il termine di tre anni.

- In caso di affidamento diretto di un contratto pubblico per ragioni di natura tecnica, in quanto in questo caso è necessario affidare il contratto a un operatore economico che abbia le specifiche competenze tecniche richieste.

- In caso di affidamento diretto di un contratto pubblico per ragioni di sicurezza pubblica, in quanto in questo caso è necessario affidare il contratto a un operatore economico che abbia le specifiche competenze e risorse richieste.

Il principio di rotazione può essere derogato anche in caso di affidamento diretto di un contratto pubblico a un operatore economico che abbia già svolto lo stesso tipo di contratto negli ultimi tre anni, ma solo se l'affidamento è giustificato da specifiche motivazioni, quali:

- L'accurata esecuzione del precedente contratto;
- La necessità di garantire la continuità della fornitura del servizio o dell'esecuzione dell'opera;
- La presenza di condizioni di mercato tali da impedire la partecipazione di altri operatori economici alla gara.

L'affidamento diretto

L'affidamento diretto è una procedura di affidamento di un contratto pubblico che consente all'amministrazione di aggiudicare il contratto a un operatore economico senza ricorrere a una gara d'appalto.

L'affidamento diretto è disciplinato dall'articolo 50 del Codice dei contratti pubblici, che prevede che l'affidamento diretto possa essere effettuato solo in presenza di determinate condizioni, tra cui:

- L'importo del contratto non deve superare la soglia dei 150.000 euro per lavori e 140.000 euro per servizi e forniture;
- I soggetti scelti devono avere esperienze pregresse idonee all'esecuzione delle prestazioni contrattuali, anche attraverso l'iscrizione ad albi o elenchi professionali.

Criterio dell'offerta economicamente più vantaggiosa

Il criterio dell'offerta economicamente più vantaggiosa (OEPV) è un criterio di aggiudicazione di un contratto pubblico che consente all'amministrazione aggiudicatrice di scegliere l'offerta che presenta il miglior rapporto qualità-prezzo.

L'OEPV si fonda sulla valutazione di una pluralità di criteri, a ciascuno dei quali corrisponde un peso da indicarsi tassativamente nel bando o nella lettera d'invito. I criteri possono essere di natura qualitativa o quantitativa, e possono riguardare aspetti tecnici, economici, ambientali o sociali.

Dove si trovano questi criteri? L'amministrazione aggiudicatrice deve indicare nel bando o nella lettera d'invito i criteri di valutazione che intende utilizzare, nonché i relativi pesi. I criteri di valutazione devono essere oggettivi e misurabili, e devono essere chiaramente definiti nel bando o nella lettera d'invito.

L'offerta economicamente più vantaggiosa è l'offerta che ottiene il punteggio più alto in base alla valutazione dei criteri di aggiudicazione.

Il criterio dell'OEPV è utilizzato per premiare le offerte che presentano un'elevata qualità, oltre che un prezzo competitivo. Questo criterio è particolarmente adatto per i contratti pubblici che richiedono una particolare attenzione alla qualità, come ad esempio i contratti di lavori pubblici o i contratti di servizi di ingegneria e architettura.

Criterio del minor prezzo

Il criterio del minor prezzo è un criterio di aggiudicazione di un contratto pubblico che consente all'amministrazione aggiudicatrice di scegliere l'offerta con il prezzo più basso.

A differenza con il criterio dell'Offerta economicamente più vantaggiosa, il criterio del minor prezzo si fonda sulla valutazione del solo prezzo dell'offerta.

L'amministrazione aggiudicatrice deve indicare nel bando o nella lettera d'invito il prezzo dell'offerta come unico criterio di aggiudicazione.

Il criterio del minor prezzo è utilizzato in via residuale per i contratti pubblici, in situazioni non articolate come ad esempio i contratti di forniture standardizzate o i contratti di servizi non complessi.

Esecuzione e stipula del contratto

In generale, non è possibile iniziare l'esecuzione di un contratto prima della sua stipula. L'esecuzione del contratto costituisce, infatti, l'attuazione degli accordi tra le parti, che si concretizza con la stipula del contratto.

Tuttavia, il Codice dei contratti pubblici prevede alcune ipotesi in cui è possibile iniziare l'esecuzione di un contratto prima della sua stipula.

In particolare, l'articolo 17 del Codice dei contratti pubblici prevede che è possibile iniziare l'esecuzione di un contratto prima della sua stipula "L'esecuzione d'urgenza è effettuata quando ricorrono eventi oggettivamente imprevedibili, per evitare situazioni di pericolo per persone, animali, cose, per l'igiene e la salute pubblica, per il patrimonio storico, artistico, culturale, ovvero nei casi in cui la mancata esecuzione immediata della prestazione dedotta nella gara determinerebbe un grave danno all'interesse pubblico che è destinata a soddisfare, ivi compresa la perdita di finanziamenti dell'Unione europea".

Certificato di collaudo

Il certificato di collaudo è un documento che attesta la conformità di un'opera alle specifiche tecniche previste dal progetto.

Il collaudo è una procedura obbligatoria per tutti i lavori pubblici, ed è finalizzato a garantire che le opere siano realizzate a regola d'arte e in conformità alle specifiche tecniche previste dal progetto.

Il collaudatore, che ha specifiche qualifiche, procede al collaudo dell'opera, verificandone la rispondenza alle specifiche tecniche previste dal progetto. Al termine del collaudo, il collaudatore redige una relazione di collaudo, in cui esprime il proprio giudizio sull'opera.

Certificato di regolare esecuzione per lavori sotto soglia (CRE)

Il certificato di regolare esecuzione (CRE) è un documento che attesta la regolare esecuzione di un contratto di appalto, in particolare un contratto di lavori pubblici di importo inferiore alle soglie di rilevanza comunitaria.

Il CRE è rilasciato dal direttore dei lavori, che è il tecnico responsabile della direzione dell'esecuzione dei lavori. Il direttore dei lavori è un tecnico abilitato, come un ingegnere, un architetto o un geometra, iscritto ad un albo professionale da almeno 5 o 10 anni a seconda dell'entità dell'opera da eseguire.

Il CRE viene rilasciato entro 3 mesi dalla data di ultimazione delle opere. Il CRE è un documento importante, in quanto costituisce titolo per il pagamento dell'ultima rata del contratto e per l'avvio della garanzia decennale.

Cosa sono e come sono regolati gli accordi quadro

Gli accordi quadro sono un tipo di contratto pubblico che consente a una o più amministrazioni aggiudicatrici di concludere accordi con uno o più operatori economici per l'acquisto di beni, servizi o lavori, da eseguire in un periodo di tempo determinato.

L'articolo 59 del Codice dei contratti definisce l'accordo quadro come "un accordo concluso tra una o più amministrazioni aggiudicatrici e uno o più operatori economici, avente per oggetto l'individuazione delle clausole comuni relative agli appalti da aggiudicare durante un dato periodo, in particolare per quanto

Gli accordi quadro presentano le seguenti **caratteristiche**:

Sono contratti atipici. Gli accordi quadro non sono disciplinati da una disciplina specifica, ma si applicano a essi le disposizioni generali del codice dei contratti, in quanto compatibili.

Sono contratti plurilaterali. Gli accordi quadro sono conclusi tra una o più amministrazioni aggiudicatrici e uno o più operatori economici.

Sono contratti di durata. Gli accordi quadro hanno una durata determinata, durante la quale le amministrazioni aggiudicatrici possono aggiudicare appalti ai sensi dell'accordo quadro.

Estensione degli accordi quadro

Gli accordi quadro possono essere estesi a nuove amministrazioni aggiudicatrici o a nuovi operatori economici.

L'estensione degli accordi quadro a nuove amministrazioni aggiudicatrici è consentita solo se: le nuove amministrazioni aggiudicatrici hanno le stesse esigenze delle amministrazioni aggiudicatrici originarie; l'estensione non comporta un aumento del valore dell'accordo quadro.

L'estensione degli accordi quadro a nuovi operatori economici è consentita solo se i nuovi operatori economici hanno le stesse capacità degli operatori economici originari.

L'estensione non comporta un aumento del valore dell'accordo quadro.

Durata massima

La durata massima degli accordi quadro è di quattro anni, salvo casi eccezionali debitamente motivati, in particolare con riferimento all'oggetto dell'accordo quadro.

Termine di conclusione degli appalti

Gli appalti aggiudicati ai sensi di un accordo quadro devono essere conclusi entro un termine non superiore a due anni dalla data di aggiudicazione.

Sistema di revisione dei prezzi

Il sistema di revisione dei prezzi previsto dal Codice dei contratti è un meccanismo che consente di adeguare i prezzi di un contratto di appalto pubblico alle variazioni del costo dei materiali, della manodopera e dei servizi.

Il sistema di revisione dei prezzi è previsto dall'articolo 60 del Codice dei contratti, che prevede che:

- la revisione dei prezzi è obbligatoria per tutti i contratti di appalto pubblico, sia di lavori, sia di forniture, sia di servizi;
- la revisione dei prezzi si applica solo alle variazioni dei prezzi che si verificano durante l'esecuzione del contratto;

- la revisione dei prezzi si applica solo ai prezzi che sono stati determinati sulla base di indici di prezzo pubblicati da un ente pubblico;
- la revisione dei prezzi è effettuata dalla stazione appaltante, sulla base delle variazioni degli indici di prezzo pubblicati dall'ente pubblico.

Il sistema di revisione dei prezzi si applica alle variazioni dei prezzi che si verificano durante l'esecuzione del contratto, in aumento o in diminuzione, superiori al 5% dell'importo complessivo. La stazione appaltante può prevedere una percentuale maggiore, non superiore al 10%, nel bando di gara o nell'invito a confermare interesse.

La revisione dei prezzi si applica solo ai prezzi che sono stati determinati sulla base di indici di prezzo pubblicati da un ente pubblico. Gli indici di prezzo più utilizzati sono quelli pubblicati dall'ISTAT.

La revisione dei prezzi è effettuata dalla stazione appaltante, sulla base delle variazioni degli indici di prezzo pubblicati dall'ente pubblico. La stazione appaltante deve comunicare all'aggiudicatario l'importo della revisione dei prezzi, con una specifica motivazione.

Cosa sono i "contratti riservati" negli appalti pubblici?

I contratti riservati sono una tipologia di contratto pubblico prevista dal nuovo codice dei contratti pubblici (d.lgs. 31 marzo 2023, n. 36), che consente alle amministrazioni aggiudicatrici di aggiudicare un contratto senza ricorrere a una procedura di gara, ma semplicemente interpellando un operatore economico preselezionato.

I contratti riservati sono disciplinati dall'articolo 76 del Codice dei contratti, che prevede che possano essere utilizzati solo nei seguenti casi:

- Per l'aggiudicazione di un contratto con un operatore economico che ha un diritto esclusivo di fornire il bene, il servizio o la prestazione oggetto dell'appalto.
- Per l'aggiudicazione di un contratto con un operatore economico che ha un brevetto o un marchio registrato per il bene, il servizio o la prestazione oggetto dell'appalto.
- Per l'aggiudicazione di un contratto con un operatore economico che è l'unico in grado di eseguire l'appalto in modo conforme alle specifiche tecniche o alle condizioni particolari stabilite dall'amministrazione aggiudicatrice.
- Per l'aggiudicazione di un contratto con un operatore economico che è l'unico in grado di eseguire l'appalto in modo conforme ai requisiti di sicurezza o di protezione dell'ambiente.

Procedura di aggiudicazione

La procedura di aggiudicazione dei contratti riservati è molto semplice. L'amministrazione aggiudicatrice deve semplicemente interpellare l'operatore economico preselezionato e, se l'operatore economico accetta l'offerta, il contratto è aggiudicato.

Obblighi dell'amministrazione aggiudicatrice

L'amministrazione aggiudicatrice è tenuta a motivare la scelta di ricorrere alla procedura di aggiudicazione riservata. La motivazione deve essere pubblicata sul profilo del committente.

Esempi di contratti riservati

L'acquisto di un bene esclusivo, come un'opera d'arte o un brevetto.

L'affidamento di un servizio di consulenza a un professionista specializzato.

L'esecuzione di lavori di manutenzione o di riparazione su beni di proprietà dell'amministrazione aggiudicatrice.

È importante notare che l'utilizzo dei contratti riservati deve essere sempre giustificato e motivato dall'amministrazione aggiudicatrice.

LE STAZIONI APPALTANTI

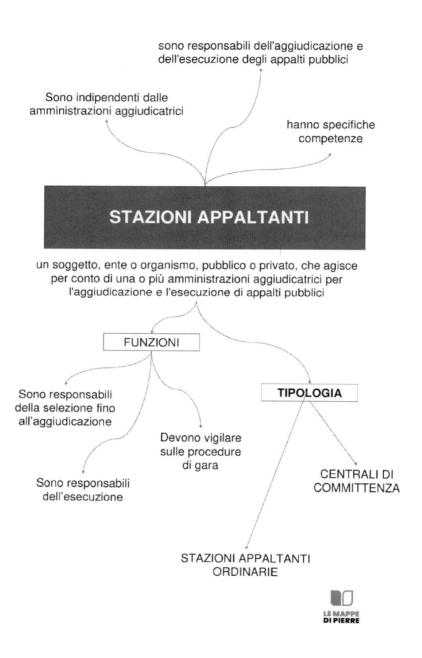

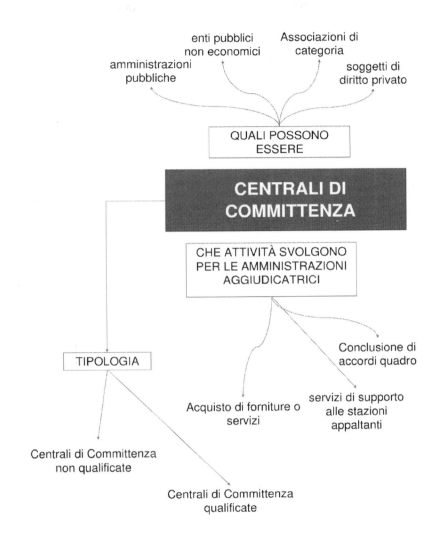

Le stazioni appaltanti

Le stazioni appaltanti sono enti, soggetti o enti di diritto privato, in possesso dei requisiti di professionalità, di onorabilità e di indipendenza che aggiudicano e gestiscono appalti pubblici per conto di amministrazioni pubbliche.

L'articolo 37 del Codice dei contratti definisce la stazione appaltante come "un soggetto, ente o organismo, pubblico o privato, che agisce per conto di una o più amministrazioni aggiudicatrici per l'aggiudicazione e l'esecuzione di appalti pubblici".

Caratteristiche
Le stazioni appaltanti presentano le seguenti caratteristiche:

- Sono soggetti indipendenti dalle amministrazioni aggiudicatrici. Le stazioni appaltanti devono essere indipendenti dalle amministrazioni aggiudicatrici per le quali operano, in modo da garantire la massima imparzialità e trasparenza nelle procedure di gara.
- Sono soggetti con specifiche competenze. Le stazioni appaltanti devono essere dotate di specifiche competenze in materia di appalti pubblici, in modo da garantire la corretta esecuzione delle procedure di gara.
- Sono soggetti responsabili. Le stazioni appaltanti sono responsabili dell'aggiudicazione e dell'esecuzione degli appalti pubblici, in conformità al diritto dell'Unione europea e alla normativa nazionale.

Funzioni
Le stazioni appaltanti svolgono le seguenti funzioni:

- L'aggiudicazione degli appalti pubblici. Le stazioni appaltanti sono responsabili dell'individuazione degli operatori economici da invitare a partecipare alle procedure di gara e dell'aggiudicazione dei contratti agli

operatori economici che hanno presentato le offerte migliori.
- La gestione degli appalti pubblici. Le stazioni appaltanti sono responsabili dell'esecuzione degli appalti pubblici, inclusa la verifica dell'esecuzione dei contratti e la risoluzione delle eventuali controversie.
- La vigilanza sulle procedure di gara. Le stazioni appaltanti sono responsabili della vigilanza sulle procedure di gara, in modo da garantire la massima trasparenza e correttezza.

Tipologie
Le stazioni appaltanti possono essere distinte in due categorie:

- Centrali di committenza. Le centrali di committenza sono stazioni appaltanti che svolgono attività di committenza per conto di più amministrazioni aggiudicatrici.
- Stazioni appaltanti ordinarie. Le stazioni appaltanti ordinarie sono stazioni appaltanti che svolgono attività di committenza per conto di una singola amministrazione aggiudicatrice.

Qualificazione
I nuovo codice dei contratti 36/2023 introduce alcune novità in materia di qualificazione delle stazioni appaltanti, tra cui:

- La qualificazione è obbligatoria per tutte le stazioni appaltanti, comprese le centrali di committenza.
- I requisiti di qualificazione sono più stringenti. In particolare, è richiesto che la stazione appaltante disponga di un numero adeguato di dipendenti qualificati per svolgere le funzioni attribuite dalla legge.
- La procedura di qualificazione è più snella. La stazione appaltante può presentare l'istanza di qualificazione tramite il sistema telematico dell'ANAC.

Queste novità sono finalizzate a garantire che le stazioni appaltanti siano in grado di svolgere le funzioni attribuite dalla legge in modo efficiente e trasparente.

Sanzioni
Le stazioni appaltanti che non rispettano le disposizioni del Codice dei contratti sono soggette a sanzioni, che possono essere pecuniarie, interdittive o disciplinari.

Raggruppamenti Temporanei d'Impresa

Il nuovo Codice dei Contratti introduce alcune novità in materia di raggruppamenti temporanei di imprese (RTI).

In primo luogo, il Codice elimina la distinzione tra RTI di tipo orizzontale e verticale, ponendo tutte le imprese che partecipano a un RTI sullo stesso piano. In questo modo, le imprese che partecipano a un RTI possono suddividere tra loro le prestazioni in base alle proprie competenze e specializzazioni, senza essere vincolate da una logica di subordinazione.

In secondo luogo, il Codice prevede che i requisiti di capacità economico-finanziaria e/o tecnico-professionale devono essere posseduti complessivamente dal raggruppamento. In questo modo, le imprese che partecipano a un RTI possono compensare le proprie carenze in un determinato ambito con le competenze delle altre imprese del raggruppamento.

Centrali di Committenza

Le Centrali di Committenza sono enti pubblici o privati che svolgono attività di committenza in favore di altre stazioni appaltanti.

A norma del nuovo codice dei contratti pubblici (decreto legislativo 36/2023), le Centrali di Committenza possono essere costituite da:

- amministrazioni pubbliche,
- enti pubblici non economici,
- soggetti di diritto privato,
- associazioni di categoria.

Le Centrali di Committenza svolgono le seguenti attività:
- Acquisto di forniture o servizi destinati ad amministrazioni aggiudicatrici o altri enti aggiudicatori.
- Conclusione di accordi quadro di lavori, forniture o servizi destinati ad altre amministrazioni aggiudicatrici.
- Fornitura di servizi di supporto alle stazioni appaltanti.

Le Centrali di Committenza sono tenute a rispettare le disposizioni del Codice dei contratti pubblici, in particolare quelle relative alle procedure di affidamento degli appalti pubblici.

Le Centrali di Committenza possono essere di due tipi:

- Centrali di Committenza qualificate: sono le Centrali di Committenza che hanno ottenuto la qualificazione da parte dell'ANAC.
- Centrali di Committenza non qualificate: sono le Centrali di Committenza che non hanno ottenuto la qualificazione da parte dell'ANAC.

Le Centrali di Committenza qualificate possono svolgere tutte le attività previste dal Codice dei contratti pubblici. Le Centrali di Committenza non qualificate possono svolgere solo le attività di acquisto di forniture o servizi destinati ad amministrazioni aggiudicatrici o altri enti aggiudicatori.

Le Centrali di Committenza sono un importante strumento per migliorare l'efficienza della gestione degli appalti pubblici. Consentono alle stazioni appaltanti di concentrare le proprie risorse su attività strategiche, di beneficiare delle economie di scala e di ottenere condizioni più vantaggiose per l'acquisto di beni e servizi.

In particolare, le Centrali di Committenza possono contribuire a:
- Ridurre i costi degli appalti pubblici.
- Migliorare la qualità dei beni e servizi acquistati.
- Snellire le procedure di affidamento degli appalti pubblici.
- Migliorare l'efficienza della gestione degli appalti pubblici.

Il requisito di "opportuna qualificazione"

Il requisito di "opportuna qualificazione" impone alle stazioni appaltanti di verificare che gli operatori economici partecipanti alla gara siano in possesso dei requisiti di capacità economico-finanziaria e tecnico-professionale necessari per eseguire l'appalto.

Il requisito di "opportuna qualificazione" si applica a tutti gli appalti pubblici, sia di lavori, sia di forniture, sia di servizi.

I requisiti di capacità economico-finanziaria e tecnico-professionale sono stabiliti dal codice dei contratti pubblici e possono essere integrati o modificati dalle stazioni appaltanti nel bando di gara o nell'invito a confermare interesse.

I requisiti di capacità economico-finanziaria possono essere dimostrati attraverso la presentazione di documenti quali:
- bilanci;
- dichiarazioni dei redditi;
- dichiarazioni di solidità finanziaria;
- garanzie fideiussorie.

I requisiti di capacità tecnico-professionale possono essere dimostrati attraverso la presentazione di documenti quali:
- attestazioni SOA (certifica i requisiti per le gare pubbliche);
- certificati di qualità;
- attestazioni di formazione professionale;
- referenze.

Le stazioni appaltanti devono valutare i requisiti di capacità economico-finanziaria e tecnico-professionale degli operatori economici partecipati alla gara in modo rigoroso, ma anche in modo proporzionato alla complessità dell'appalto.

In particolare, le stazioni appaltanti devono valutare:
- la congruenza dei requisiti richiesti rispetto alla complessità dell'appalto;
- la proporzionalità dei requisiti richiesti rispetto alle risorse finanziarie e tecnico-professionali dell'operatore economico;
- la possibilità di compensare le carenze in un determinato ambito con le competenze delle altre imprese del raggruppamento.

L'omessa o incompleta presentazione dei requisiti di capacità economico-finanziaria e tecnico-professionale può comportare l'esclusione dell'operatore economico dalla gara.

Codici identificativi di gara (CIG)

I codici identificativi di gara (CIG) sono codici alfanumerici di 16 cifre che vengono utilizzati per identificare gli appalti pubblici in Italia.

I CIG vengono assegnati dalle stazioni appaltanti al momento della pubblicazione del bando di gara o dell'avviso di preinformazione. Il CIG è univoco per ogni gara e viene utilizzato per identificare la gara in tutte le fasi della sua vita, dalla pubblicazione del bando alla stipula del contratto.

I CIG sono importanti per una serie di motivi:
- Consentono di identificare in modo univoco ogni gara. Questo è importante per garantire la trasparenza delle procedure di affidamento degli appalti pubblici.
- Consentono di tracciare l'iter amministrativo di ogni gara. Questo è importante per garantire il corretto

svolgimento delle procedure di affidamento degli appalti pubblici.
- Consentono di monitorare gli appalti pubblici. Questo è importante per garantire l'efficienza dell'utilizzo delle risorse pubbliche.

I CIG sono generati dal Sistema Informativo Monitoraggio Gare (SIMOG), un sistema informatico gestito dall'ANAC (Autorità Nazionale Anticorruzione). Il SIMOG è accessibile a tutti gli operatori economici e alle stazioni appaltanti.

I CIG sono obbligatori per tutti gli appalti pubblici, sia di lavori, sia di forniture, sia di servizi, di importo superiore a 1.000 euro.

PROCEDURE DI SCELTA DEL CONTRAENTE

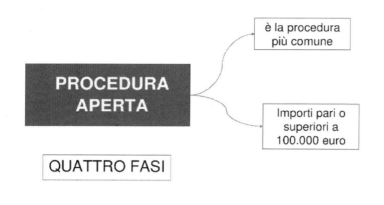

PROCEDURA APERTA
- è la procedura più comune
- Importi pari o superiori a 100.000 euro

QUATTRO FASI

1. PUBBLICAZIONE DEL BANDO DI GARA
2. PRESENTAZIONE DELLE OFFERTE DEGLI OPERATORI
3. VALUTAZIONE DELLE OFFERTE
4. AGGIUDICAZIONE DELL'APPALTO

LE MAPPE DI PIERRE

PROCEDURA RISTRETTA — Importi pari o superiori a 100.000 euro

SEI FASI

1. PUBBLICAZIONE DELL'AVVISO DI PREINFORMAZIONE
2. PRESENTAZIONE DELLE DOMANDE DI PARTECIPAZIONE
3. SELEZIONE OPERATORI ECONOMICI
4. PRESENTAZIONE DELLE OFFERTE
5. VALUTAZIONE DELLE OFFERTE
6. AGGIUDICAZIONE DELL'APPALTO

LE MAPPE DI PIERRE

```
┌─────────────────────────┐   ┌─────────────────────────┐
│ Per prodotti e servizi  │   │ Soluzioni ancora non    │
│ non ancora presenti     │   │ sperimentate            │
│ sul mercato             │   └─────────────────────────┘   ┌─────────────────┐
└─────────────────────────┘                                 │ Ad alto impatto │
                                                            │ sociale e       │
                                                            │ ambientale      │
                                                            └─────────────────┘
```

PARTNERIATO PER L'INNOVAZIONE

SETTE FASI

1. PUBBLICAZIONE AVIVSO DI INDIZIONE

2. PRESENTAZIONE DELLE DOMANDE DI PARTECIPAZIONE

3. SELEZIONE OPERATORI ECONOMICI

4. SVILUPPO SOLUZIONI INNOVATIVE

5. NEGOZIAZIONE

5. VALUTAZIONE DELLE OFFERTE

7. AGGIUDICAZIONE DELL'APPALTO

LE MAPPE
DI PIERRE

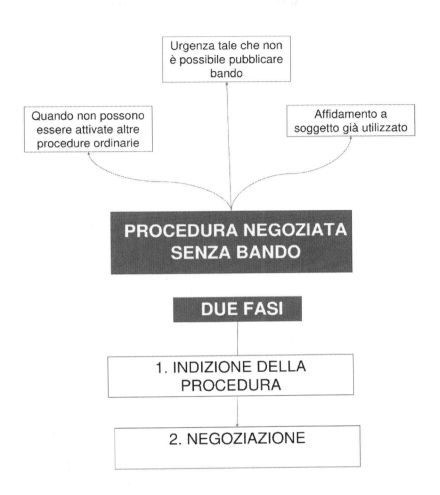

8. SCELTA DEL CONTRAENTE - PROCEDURE

La scelta del contraente è la fase finale dell'affidamento di un appalto pubblico. In questa fase, la stazione appaltante deve scegliere l'operatore economico che ritiene più idoneo ad eseguire l'appalto.

Il codice dei contratti pubblici (decreto legislativo 36/2023) prevede quattro procedure di scelta del contraente:

- **Procedura aperta**, è la procedura più comune. In questa procedura, tutti gli operatori economici interessati possono presentare un'offerta.
- **Procedura ristretta**, in questa procedura, la stazione appaltante invita a partecipare alla gara solo un numero limitato di operatori economici, selezionati sulla base di criteri oggettivi.
- **Procedura competitiva con negoziazione**, in questa procedura, la stazione appaltante invita a partecipare alla gara un numero limitato di operatori economici, con i quali negozia le condizioni dell'appalto.
- **Dialogo competitivo**, in questa procedura, la stazione appaltante invita a partecipare alla gara un numero limitato di operatori economici, con i quali dialoga per sviluppare una soluzione innovativa per l'appalto;
- **Partenariato per l'innovazione**, è una procedura di scelta del contraente che prevede la collaborazione tra la stazione appaltante e gli operatori economici per sviluppare prodotti, servizi o lavori innovativi che non sono ancora disponibili sul mercato;
- **procedura negoziata senza bando**, è una procedura di scelta del contraente che consente alla stazione appaltante di negoziare le condizioni dell'appalto con uno o più operatori economici, senza pubblicare un bando di gara.

La scelta della procedura di scelta del contraente dipende da una serie di fattori, tra cui:

- **L'importo dell'appalto,** le procedure più competitive sono riservate agli appalti di importo superiore a 100.000 euro;
- **La complessità dell'appalto,** le procedure più negoziate sono riservate agli appalti complessi o innovativi.
- **Le esigenze di trasparenza e concorrenza,** le procedure più competitive sono generalmente più trasparenti e concorrenziali.

La scelta del contraente avviene attraverso una valutazione delle offerte presentate dagli operatori economici. La stazione appaltante deve valutare le offerte in base a criteri oggettivi, stabiliti nel bando di gara o nell'invito a confermare interesse.

I criteri di valutazione delle offerte possono riguardare:

- **Il prezzo,** è il criterio di valutazione più comune ma raramente l'unico (vedi criteri).
- **La qualità,** può essere valutata attraverso la presentazione di documenti, la visita del cantiere o la partecipazione a prove di gara.
- **I tempi di consegna,** possono essere valutati attraverso la presentazione di un cronoprogramma.
- **Gli aspetti ambientali o sociali,** possono essere valutati attraverso la presentazione di documentazione che attesti il rispetto di determinati standard.

La stazione appaltante deve scegliere l'operatore economico che ritiene più idoneo ad eseguire l'appalto in base ai criteri di valutazione stabiliti nel bando di gara o nell'invito.

La procedura aperta

La procedura aperta è una procedura di scelta del contraente che prevede la possibilità di partecipazione di tutti gli operatori economici interessati.

Nel nuovo codice dei contratti pubblici, la procedura aperta è la procedura più comune e può essere utilizzata per affidare appalti pubblici di importo pari o superiore a 100.000 euro.

La procedura aperta si articola nelle seguenti fasi:

1. **Pubblicazione del bando di gara**, la stazione appaltante pubblica un bando di gara che contiene tutte le informazioni utili agli operatori economici per partecipare alla gara. Il bando di gara deve essere pubblicato sul profilo di committente della stazione appaltante e sul portale web di ANAC.

2. **Presentazione delle offerte**, gli operatori economici interessati possono presentare un'offerta entro il termine indicato nel bando di gara. L'offerta deve essere presentata in forma scritta e deve essere corredata dalla documentazione richiesta nel bando di gara.

3. **Valutazione delle offerte**, la stazione appaltante valuta le offerte presentate dagli operatori economici in base ai criteri di valutazione stabiliti nel bando di gara.

4. **Aggiudicazione dell'appalto**, la stazione appaltante aggiudica l'appalto all'operatore economico che ha presentato l'offerta migliore.

Principi da adottare:
- La stazione appaltante deve pubblicare un bando di gara che sia chiaro, completo e accessibile a tutti gli operatori economici.
- La stazione appaltante deve valutare le offerte presentate dagli operatori economici in modo imparziale e trasparente.
- La stazione appaltante deve aggiudicare l'appalto all'operatore economico che ha presentato l'offerta migliore, in base ai criteri di valutazione stabiliti nel bando di gara stesso.

Procedura ristretta

La procedura ristretta è una procedura di scelta del contraente che prevede la possibilità di partecipazione di un numero limitato di operatori economici, selezionati sulla base di criteri oggettivi.

Nel nuovo codice dei contratti pubblici, la procedura ristretta può essere utilizzata per affidare appalti pubblici di importo pari o superiore a 100.000 euro, nei seguenti casi:
- Se l'appalto è di particolare complessità o tecnicità.
- Se l'appalto è di importo superiore a 350.000 euro e non è possibile utilizzare la procedura aperta per ragioni di celerità.
- Se l'appalto è di importo superiore a 1.000.000 euro e non è possibile utilizzare la procedura negoziata senza previa pubblicazione di un bando di gara.

La procedura ristretta si articola nelle seguenti fasi:

1. **Pubblicazione dell'avviso di preinformazione**: la stazione appaltante pubblica un avviso di preinformazione che contiene le informazioni essenziali sull'appalto. L'avviso di preinformazione deve essere pubblicato sul profilo di committente della stazione appaltante e sul portale web di ANAC.
2. **Presentazione delle domande di partecipazione**: gli operatori economici interessati possono presentare una domanda di partecipazione entro il termine indicato nell'avviso di preinformazione. La domanda di partecipazione deve essere presentata in forma scritta e deve essere corredata dalla documentazione richiesta nell'avviso di preinformazione.
3. **Selezione degli operatori economici**: la stazione appaltante, sulla base dei criteri stabiliti nell'avviso di preinformazione, seleziona un numero limitato di operatori economici che sono invitati a presentare un'offerta.
4. **Presentazione delle offerte**: gli operatori economici selezionati possono presentare un'offerta entro il termine

indicato nell'invito a presentare un'offerta. L'offerta deve essere presentata in forma scritta e deve essere corredata dalla documentazione richiesta nell'invito a presentare un'offerta.
5. **Valutazione delle offerte**: la stazione appaltante valuta le offerte presentate dagli operatori economici in base ai criteri di valutazione stabiliti nell'avviso di preinformazione o nell'invito a presentare un'offerta.
6. **Aggiudicazione dell'appalto**: la stazione appaltante aggiudica l'appalto all'operatore economico che ha presentato l'offerta migliore.

Procedura competitiva con negoziazione

La procedura competitiva con negoziazione è una procedura di scelta del contraente che prevede una fase di selezione qualitativa degli operatori economici, seguita da una fase di negoziazione delle condizioni dell'appalto. Attraverso tale procedura viene effettuata nelle prime fasi di gara una scrematura degli operatori con cui poi si andrà a negoziare.

Nel nuovo codice dei contratti pubblici, la procedura competitiva con negoziazione può essere utilizzata per affidare appalti pubblici di importo pari o superiore a 100.000 euro, nei seguenti casi:

- se l'appalto è di particolare complessità o tecnicità;
- se l'appalto è di importo inferiore a 5.350.000 euro e non è possibile utilizzare la procedura aperta per ragioni di celerità.

La procedura competitiva con negoziazione si articola nelle seguenti fasi:

1. **Pubblicazione del bando di gara**: la stazione appaltante pubblica un bando di gara che contiene tutte le informazioni utili agli operatori economici per partecipare alla gara. Il bando

di gara deve essere pubblicato sul profilo di committente della stazione appaltante e sul portale web di ANAC.
2. **Presentazione delle domande di partecipazione**: gli operatori economici interessati possono presentare una domanda di partecipazione entro il termine indicato nel bando di gara. La domanda di partecipazione deve essere presentata in forma scritta e deve essere corredata dalla documentazione richiesta nel bando di gara.
3. **Selezione qualitativa degli operatori economici**, la stazione appaltante, sulla base dei criteri stabiliti nel bando di gara, seleziona un numero limitato di operatori economici che sono invitati a presentare un'offerta.
4. **Presentazione delle offerte**, gli operatori economici selezionati possono presentare un'offerta entro il termine indicato nell'invito a presentare un'offerta. L'offerta deve essere presentata in forma scritta e deve essere corredata dalla documentazione richiesta nell'invito a presentare un'offerta.
5. **Negoziazione**, la stazione appaltante negozia con gli operatori economici selezionati le condizioni dell'appalto, sulla base delle offerte presentate.
6. **Valutazione delle offerte,** la stazione appaltante valuta le offerte presentate dagli operatori economici in base ai criteri di valutazione stabiliti nel bando di gara o nell'invito a presentare un'offerta.
7. **Aggiudicazione dell'appalto**, la stazione appaltante aggiudica l'appalto all'operatore economico che ha presentato l'offerta migliore, in base ai criteri di valutazione stabiliti nel bando di gara o nell'invito a presentare un'offerta.

Criteri di riferimento:

- La stazione appaltante deve pubblicare un bando di gara che sia chiaro, completo e accessibile a tutti gli operatori economici.
- La stazione appaltante deve selezionare gli operatori economici in modo imparziale e trasparente.
- La stazione appaltante deve negoziare con gli operatori economici selezionati in modo imparziale e trasparente.

- La stazione appaltante deve valutare le offerte presentate dagli operatori economici in modo imparziale e trasparente.
- La stazione appaltante deve aggiudicare l'appalto all'operatore economico che ha presentato l'offerta migliore, in base ai criteri di valutazione stabiliti nel bando di gara o nell'invito a presentare un'offerta.

La procedura competitiva con negoziazione è una procedura che garantisce una maggiore trasparenza e concorrenza rispetto alla procedura negoziata senza previa pubblicazione di un bando di gara, ma che consente comunque alla stazione appaltante di selezionare gli operatori economici più qualificati per l'esecuzione dell'appalto.

In particolare, la procedura competitiva con negoziazione può essere utilizzata per affidare appalti di lavori, forniture o servizi che presentano particolari difficoltà tecniche o che richiedono l'acquisizione di un know-how specifico.

Procedura di dialogo competitivo

È una procedura di affidamento che consente alla stazione appaltante di dialogare con gli operatori economici, al fine di elaborare una o più soluzioni innovative e di qualità.

La procedura di dialogo competitivo può essere utilizzata per l'affidamento di appalti pubblici nei seguenti casi:

- Quando la stazione appaltante non è in grado di definire a priori le soluzioni tecniche e/o organizzative necessarie per soddisfare le proprie esigenze.
- Quando la stazione appaltante intende favorire l'innovazione.

La procedura di dialogo competitivo si svolge in tre fasi:

- Fase di indizione della procedura. In questa fase, la stazione appaltante pubblica un bando di gara, che deve contenere le informazioni relative alle esigenze della stazione appaltante, le soluzioni tecniche e/o organizzative che la stazione appaltante intende realizzare e i criteri di aggiudicazione.
- Fase di dialogo. In questa fase, la stazione appaltante dialoga con gli operatori economici invitati a partecipare alla procedura, al fine di elaborare una o più soluzioni innovative e di qualità.
- Fase di presentazione delle offerte. In questa fase, gli operatori economici invitati a partecipare alla procedura presentano le proprie offerte, sulla base delle soluzioni elaborate nel corso della fase di dialogo.

I vantaggi della procedura di dialogo competitivo

La procedura di dialogo competitivo presenta i seguenti vantaggi:

- Consente alla stazione appaltante di ottenere soluzioni innovative e di qualità.
- Consente alla stazione appaltante di coinvolgere gli operatori economici nella fase di progettazione dell'appalto.
- È una procedura flessibile, che consente alla stazione appaltante di adattare le soluzioni tecniche e/o organizzative alle esigenze specifiche dell'appalto.

I limiti della procedura di dialogo competitivo

La procedura di dialogo competitivo presenta i seguenti limiti:

- È una procedura complessa e articolata.

- È una procedura che richiede un impegno significativo da parte della stazione appaltante e degli operatori economici.

Partenariato per l'innovazione

Il partenariato per l'innovazione è una procedura di scelta del contraente che prevede la collaborazione tra la stazione appaltante e gli operatori economici per sviluppare prodotti, servizi o lavori innovativi che non sono ancora disponibili sul mercato.

Nel nuovo codice dei contratti pubblici, il partenariato per l'innovazione può essere utilizzato per affidare appalti pubblici di importo pari o superiore a 100.000 euro, nei seguenti casi:

- Se l'appalto ha lo scopo di sviluppare prodotti, servizi o lavori innovativi che non sono ancora disponibili sul mercato.
- Se l'appalto ha lo scopo di sperimentare soluzioni innovative che non sono ancora state ampiamente utilizzate.
- Se l'appalto ha lo scopo di sviluppare soluzioni innovative che possono avere un impatto significativo sull'ambiente o la società.

Il partenariato per l'innovazione si articola nelle seguenti fasi:

1. **Pubblicazione dell'avviso di indizione**, la stazione appaltante pubblica un avviso di indizione che contiene tutte le informazioni utili agli operatori economici per partecipare alla gara. L'avviso di indizione deve essere pubblicato sul profilo di committente della stazione appaltante e sul portale web di ANAC.
2. **Presentazione delle domande di partecipazione**, gli operatori economici interessati possono presentare una

domanda di partecipazione entro il termine indicato nell'avviso di indizione. La domanda di partecipazione deve essere presentata in forma scritta e deve essere corredata dalla documentazione richiesta nell'avviso di indizione.

3. **Selezione qualitativa degli operatori economici**, la stazione appaltante, sulla base dei criteri stabiliti nell'avviso di indizione, seleziona un numero limitato di operatori economici che sono invitati a partecipare al partenariato per l'innovazione.

4. **Sviluppo delle soluzioni innovative**, la stazione appaltante collabora con gli operatori economici selezionati per sviluppare le soluzioni innovative oggetto dell'appalto.

5. **Negoziazione**, la stazione appaltante negozia con gli operatori economici selezionati le condizioni dell'appalto, sulla base delle soluzioni innovative sviluppate.

6. **Valutazione delle offerte**, la stazione appaltante valuta le offerte presentate dagli operatori economici in base ai criteri di valutazione stabiliti nell'avviso di indizione o nell'invito a partecipare al partenariato per l'innovazione.

7. **Aggiudicazione dell'appalto**, la stazione appaltante aggiudica l'appalto all'operatore economico che ha presentato l'offerta migliore, in base ai criteri di valutazione stabiliti nell'avviso di indizione o nell'invito a partecipare al partenariato per l'innovazione.

Il partenariato per l'innovazione è una procedura che garantisce la massima collaborazione tra la stazione appaltante e gli operatori economici per sviluppare soluzioni innovative che possono apportare un valore aggiunto alla Pubblica Amministrazione.

Procedura negoziata senza bando

La Procedura negoziata senza pubblicazione di un bando di cui all'articolo 76 del nuovo codice dei contratti (d.lgs. 31 marzo 2023, n. 36) è una procedura di affidamento che consente alla stazione appaltante di negoziare direttamente con gli operatori economici, senza pubblicare un bando di gara.

I presupposti per la scelta della Procedura negoziata senza pubblicazione di un bando

La Procedura negoziata senza pubblicazione di un bando può essere utilizzata per l'affidamento di appalti pubblici nei seguenti casi:
- Quando non è possibile utilizzare una delle altre procedure ordinarie.
- Quando, per ragioni di estrema urgenza, non è possibile rispettare i termini di pubblicazione del bando e di presentazione delle offerte.
- Quando, per ragioni di natura tecnica, la stazione appaltante deve affidare l'appalto ad un operatore economico già selezionato in precedenza.

La Procedura negoziata senza pubblicazione di un bando

La Procedura negoziata senza pubblicazione di un bando si svolge in due fasi:
- Fase di indizione della procedura. In questa fase, la stazione appaltante invita gli operatori economici ritenuti idonei a partecipare alla procedura.
- Fase di negoziazione. In questa fase, la stazione appaltante negozia con gli operatori economici invitati a partecipare alla procedura, al fine di individuare l'offerta economicamente più vantaggiosa.

I vantaggi

La Procedura negoziata senza pubblicazione di un bando presenta i seguenti vantaggi:

- È una procedura rapida, che consente alla stazione appaltante di affidare l'appalto in tempi brevi.
- È una procedura flessibile, che consente alla stazione appaltante di adattare l'appalto alle proprie esigenze.

Limiti
La Procedura negoziata senza pubblicazione di un bando presenta i seguenti limiti:
- È una procedura che può essere utilizzata solo in casi eccezionali.
- È una procedura che può essere soggetta a contestazioni da parte degli operatori economici.

FASI DELLA GARA PUBBLICA

Indizione della gara — Atti preparatori
Indizione gara

la stazione appaltante pubblica un bando di gara che contiene tutte le informazioni utili agli operatori economici per partecipare alla gara

Presentazione delle offerte — Documenti tecnici
Proposta
Offerta economica

gli operatori economici interessati presentano la loro offerta

Valutazione delle offerte — Applicazione criteri del bando

la stazione appaltante valuta le offerte presentate dagli operatori economici in base ai criteri di valutazione stabiliti nel bando di gara

Aggiudicazione della gara

la stazione appaltante aggiudica la gara all'operatore economico che ha presentato l'offerta migliore

LE MAPPE DI PIERRE

9. Fasi della gara pubblica

Le fasi della gara pubblica sono le seguenti:

1. **Indizione della gara**, la stazione appaltante pubblica un bando di gara che contiene tutte le informazioni utili agli operatori economici per partecipare alla gara. Il bando di gara deve essere pubblicato sul profilo di committente della stazione appaltante e sul portale web di ANAC.

2. **Presentazione delle offerte**, gli operatori economici interessati possono presentare un'offerta entro il termine indicato nel bando di gara. L'offerta deve essere presentata in forma scritta e deve essere corredata dalla documentazione richiesta nel bando di gara.

3. **Valutazione delle offerte**, la stazione appaltante valuta le offerte presentate dagli operatori economici in base ai criteri di valutazione stabiliti nel bando di gara.

4. **Aggiudicazione della gara**, la stazione appaltante aggiudica la gara all'operatore economico che ha presentato l'offerta migliore, in base ai criteri di valutazione stabiliti nel bando di gara.

Prima e preliminarmente andranno predisposti gli atti preparatori della gara.

Atti preparatori alla gara

Gli atti preparatori alla gara sono gli atti che precedono l'indizione della gara pubblica e che hanno lo scopo di preparare la stazione appaltante alla procedura di gara.

I principali atti preparatori alla gara sono i seguenti:

- Studio di fattibilità: lo studio di fattibilità è un documento che analizza la fattibilità dell'appalto, in termini tecnici, economici e finanziari.

- Progetto preliminare: il progetto preliminare è un documento che descrive in modo generale l'appalto, in termini di obiettivi, requisiti, costi e tempi di esecuzione.
- Avviso di preinformazione: l'avviso di preinformazione è un documento che contiene le informazioni essenziali sull'appalto, in modo da raccogliere informazioni dagli operatori economici e per valutare la fattibilità dell'appalto.

Gli atti preparatori alla gara sono regolati dal codice dei contratti pubblici, che stabilisce le regole per garantire la trasparenza, l'imparzialità e la concorrenza nell'affidamento degli appalti pubblici.

Inoltre, la gara pubblica può essere preceduta da una fase di preinformazione, in cui la stazione appaltante pubblica un avviso di preinformazione che contiene le informazioni essenziali sull'appalto. L'avviso di preinformazione può essere utilizzato per raccogliere informazioni dagli operatori economici e per valutare la fattibilità dell'appalto.

Le fasi della gara pubblica sono regolate dal codice dei contratti pubblici, che stabilisce le regole per garantire la trasparenza, l'imparzialità e la concorrenza nell'affidamento degli appalti pubblici.

Di seguito, un riepilogo delle principali fasi della gara pubblica:

Fase 1: Indizione della gara

La stazione appaltante pubblica un bando di gara che contiene tutte le informazioni utili agli operatori economici per partecipare alla gara. Il bando di gara deve essere pubblicato sul profilo di committente della stazione appaltante e sul portale web di ANAC.

Le informazioni che devono essere contenute nel bando di gara sono le seguenti:

- Oggetto dell'appalto: descrizione dell'appalto, inclusa la tipologia, l'importo, la durata e la località di esecuzione.
- Requisiti di partecipazione: requisiti che gli operatori economici devono soddisfare per partecipare alla gara.
- Criteri di valutazione delle offerte: criteri in base ai quali la stazione appaltante valuterà le offerte presentate dagli operatori economici.
- Termine per la presentazione delle offerte: termine entro il quale gli operatori economici devono presentare le loro offerte.
- Modalità di presentazione delle offerte: modalità in cui gli operatori economici devono presentare le loro offerte.

Fase 2: Presentazione delle offerte

Gli operatori economici interessati possono presentare un'offerta entro il termine indicato nel bando di gara. L'offerta deve essere presentata in forma scritta e deve essere corredata dalla documentazione richiesta nel bando di gara.

La documentazione richiesta nel bando di gara può includere i seguenti documenti:

- Documentazione relativa al possesso dei requisiti di partecipazione: documenti che attestano il possesso dei requisiti di partecipazione richiesti dalla stazione appaltante.
- Offerta tecnica: documento che descrive le soluzioni tecniche che l'operatore economico propone per l'esecuzione dell'appalto.

- Offerta economica: documento che indica il prezzo che l'operatore economico propone per l'esecuzione dell'appalto.

Fase 3: Valutazione delle offerte

La stazione appaltante valuta le offerte presentate dagli operatori economici in base ai criteri di valutazione stabiliti nel bando di gara.

I criteri di valutazione delle offerte possono essere i seguenti:

- Prezzo, il prezzo è il criterio di valutazione più comune. L'offerta migliore è l'offerta che presenta il prezzo più basso.
- Qualità tecnica la qualità tecnica è il criterio di valutazione che tiene conto delle soluzioni tecniche proposte dall'operatore economico. L'offerta migliore è l'offerta che presenta le soluzioni tecniche più innovative e qualificate.
- Tempo di consegna: il tempo di consegna è il criterio di valutazione che tiene conto del tempo necessario per l'esecuzione dell'appalto. L'offerta migliore è l'offerta che prevede il tempo di consegna più breve.

Fase 4: Aggiudicazione di una gara

L'aggiudicazione di una gara secondo il codice dei contratti pubblici è il momento in cui la stazione appaltante sceglie l'operatore economico che eseguirà l'appalto.

L'aggiudicazione della gara avviene in base ai criteri di valutazione stabiliti nel bando di gara.

FASE ESECUTIVA

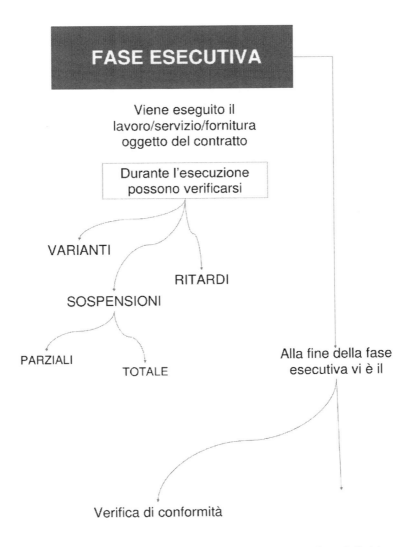

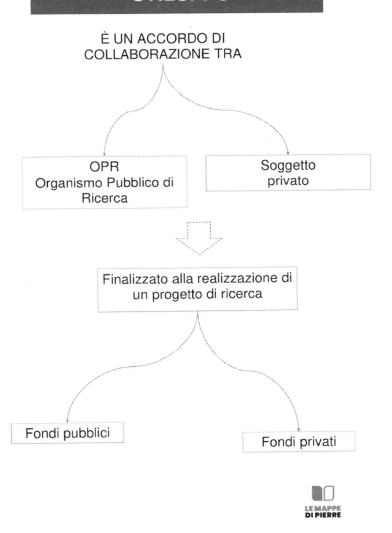

PARTNENARIATO PUBBLICO PRIVATO (PPP)

è una forma di collaborazione tra la pubblica amministrazione e il settore privato, finalizzata alla realizzazione di opere o alla fornitura di servizi di interesse pubblico

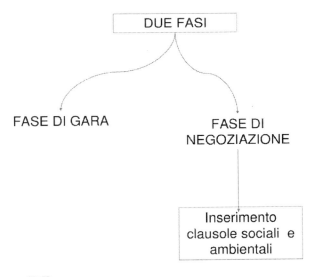

DUE FASI

- FASE DI GARA
- FASE DI NEGOZIAZIONE
  - Inserimento clausole sociali e ambientali

10. Fasi di esecuzione nei contratti pubblici

Le fasi di esecuzione nei contratti pubblici sono le seguenti:

- **Avvio dei lavori**: l'appaltatore avvia i lavori secondo il cronoprogramma concordato con la stazione appaltante.
- **Esecuzione dei lavori**: l'appaltatore esegue i lavori secondo le specifiche tecniche e le condizioni previste dal contratto.
- **Consegna dei lavori**: l'appaltatore prende in consegna i lavori, che possono essere costituiti da terreni, edifici, impianti o altri beni. La consegna dei lavori avviene mediante un verbale di consegna che deve essere firmato dall'appaltatore e dalla stazione appaltante.
- **Controllo e collaudo dei lavori**: la stazione appaltante controlla e collauda i lavori per verificare che siano stati eseguiti secondo le specifiche tecniche e le condizioni previste dal contratto.
- **Consegna dei lavori alla stazione appaltante**: l'appaltatore consegna i lavori alla stazione appaltante. La consegna dei lavori avviene mediante un verbale di consegna che deve essere firmato dall'appaltatore e dalla stazione appaltante.
- **Pagamento dell'appaltatore**: la stazione appaltante paga l'appaltatore per i lavori eseguiti. Il pagamento dell'appaltatore avviene secondo le modalità previste dal contratto. Possono essere previsti, un anticipo, uno o più acconti in base al SAL (Stato di Avanzamento Lavori) e il saldo finale a seguito della consegna.

Inoltre, durante la fase di esecuzione possono verificarsi alcune situazioni particolari, come ad esempio:

- **Varianti**: le varianti sono modifiche al contratto che possono essere apportate dalla stazione appaltante o dall'appaltatore. Le varianti devono essere autorizzate dalla stazione appaltante e possono comportare un aumento o una diminuzione del prezzo del contratto.

- **Sospensione dei lavori**: la stazione appaltante può sospendere i lavori per motivi di interesse pubblico o per motivi tecnici. La sospensione dei lavori deve essere autorizzata dalla stazione appaltante e può comportare un risarcimento dell'appaltatore.
- **Ritardo nell'esecuzione dei lavori**: l'appaltatore può ritardare l'esecuzione dei lavori per motivi tecnici o economici. Il ritardo nell'esecuzione dei lavori può comportare una penale per l'appaltatore.

Subappalto a cascata

Il subappalto a cascata è una modalità di subappalto in cui l'appaltatore affida a un subappaltatore una parte delle prestazioni che a sua volta affida a un altro subappaltatore e così via.

Il subappalto a cascata può essere utilizzato nei contratti pubblici, ma è soggetto a una serie di limitazioni. In particolare, il subappalto a cascata è possibile solo se:

- Il contratto di appalto lo prevede espressamente;
- Il subappaltatore è qualificato per l'esecuzione delle prestazioni subappaltate;
- Il subappalto non incide sulla qualità delle prestazioni.

Inoltre, il subappalto a cascata deve essere autorizzato dalla stazione appaltante, che può valutare la sussistenza dei requisiti previsti dalla legge.

Il subappalto a cascata può essere utilizzato per diversi motivi, ad esempio:

- Per affidare l'esecuzione di prestazioni specializzate a operatori economici che siano specializzati in tali prestazioni;
- Per ridurre i costi dell'appalto;
- Per velocizzare l'esecuzione dell'appalto.

Tuttavia, il subappalto a cascata può anche comportare una serie di rischi, ad esempio:

- Il rischio che le prestazioni non siano eseguite correttamente;
- Il rischio che l'appaltatore non controlli le attività dei subappaltatori;
- Il rischio che l'appaltatore non sia in grado di far valere i propri diritti nei confronti dei subappaltatori.

Si tratta di una grande novità rispetto al vecchio codice che invece vietata espressamente tale possibilità. L'articolo 119 comma 17 rimette in capo alla stazione appaltante 17 l'indicazione eventuale delle "prestazioni o lavorazioni oggetto del contratto di appalto che, pur subappaltabili, non possono formare oggetto di ulteriore subappalto". Viene così ribaltata la precedente impostazione. Sempre all'articolo 119, si esplicita che alcuni interventi non vanno considerati subappalto:

a) l'affidamento di attività secondarie, accessorie o sussidiarie a lavoratori autonomi, per le quali occorre effettuare comunicazione alla stazione appaltante;

b) la subfornitura a catalogo di prodotti informatici;

c) l'affidamento di servizi di importo inferiore a 20.000 euro annui a imprenditori agricoli nei comuni totalmente montani, delle isole minori e altri casi particolari;

d) le prestazioni secondarie, accessorie o sussidiarie rese in favore dei soggetti affidatari in forza di contratti continuativi di cooperazione, servizio o fornitura sottoscritti in epoca anteriore alla indizione della procedura finalizzata alla aggiudicazione dell'appalto.

La direzione dei lavori

Le funzioni di direzione dei lavori sono le seguenti:

- Assistenza tecnica e consulenza alla stazione appaltante, il direttore dei lavori assiste la stazione appaltante in tutte le fasi dell'esecuzione dei lavori, fornendo consulenza tecnica e supporto.

- Controllo tecnico, contabile e amministrativo dell'esecuzione dei lavori, il direttore dei lavori controlla che i lavori siano eseguiti a regola d'arte, nel rispetto del progetto e del contratto.

- Gestione del cantiere, il direttore dei lavori è responsabile della gestione del cantiere, coordinando le attività delle imprese e degli altri soggetti coinvolti nell'esecuzione dei lavori.

- Redazione della contabilità dei lavori, il direttore dei lavori redige la contabilità dei lavori, che è il documento che registra tutte le attività e le spese relative all'esecuzione dei lavori.

- Collaudo dei lavori, il direttore dei lavori partecipa al collaudo dei lavori, che è l'atto conclusivo dell'esecuzione dei lavori che attesta la conformità dei lavori alle specifiche tecniche e alle condizioni previste dal contratto.

La figura del direttore dei lavori è obbligatoria per tutti gli appalti di lavori pubblici, ad eccezione degli appalti di importo inferiore a 100.000 euro.

Nel caso di appalti di servizi e forniture, la figura del **direttore dei lavori** è sostituita dal **direttore dell'esecuzione**. Le funzioni del direttore dell'esecuzione sono analoghe a quelle del direttore dei lavori, ma sono limitate all'ambito tecnico-amministrativo. In particolare, il direttore dell'esecuzione non è responsabile della gestione del cantiere.

La differenza principale tra direttore dei lavori e direttore dell'esecuzione è che il primo ha un ruolo più ampio e complesso, in quanto è responsabile sia dell'aspetto tecnico che di quello amministrativo, mentre il secondo ha un ruolo più limitato, in quanto è responsabile solo dell'aspetto tecnico.

Collaudo - fase provvisoria e definitiva (art. 116)

Il collaudo è l'atto conclusivo dell'esecuzione dei lavori pubblici che attesta la conformità dei lavori alle specifiche tecniche e alle condizioni previste dal contratto. In caso di fornitura di beni e servizi verrà invece effettuata la verifica di conformità.

Il collaudo può essere suddiviso in due fasi:

- **Collaudo provvisorio**, il collaudo provvisorio è il primo atto di collaudo, che viene effettuato durante l'esecuzione dei lavori e attesta la conformità dei lavori alle specifiche tecniche e alle condizioni previste dal contratto per la parte già eseguita.

- **Collaudo definitivo**: il collaudo definitivo è il secondo atto di collaudo, che viene effettuato al termine dei lavori e attesta la conformità dei lavori alle specifiche tecniche e alle condizioni previste dal contratto per l'intera opera.

Il collaudo è effettuato da un collaudatore, che è un tecnico nominato dalla stazione appaltante. Il collaudatore deve essere un tecnico indipendente e qualificato, in grado di valutare la conformità dei lavori alle specifiche tecniche e alle condizioni previste dal contratto.

Il collaudo è un atto molto importante, in quanto attesta la conformità dei lavori e permette alla stazione appaltante di procedere al pagamento (saldo) dell'appaltatore.

In particolare, il collaudo provvisorio:

- Attesta la conformità dei lavori alle specifiche tecniche e alle condizioni previste dal contratto per la parte già eseguita.
- Autorizza la stazione appaltante a pagare all'appaltatore una parte del prezzo contrattuale.

Il collaudo definitivo:

- Attesta la conformità dei lavori alle specifiche tecniche e alle condizioni previste dal contratto per l'intera opera.
- Autorizza la stazione appaltante a pagare all'appaltatore il restante prezzo contrattuale.

In caso di vizi o difetti dei lavori, il collaudatore può emettere una relazione di riserva, che segnala alla stazione appaltante i vizi o i difetti riscontrati. La stazione appaltante deve quindi invitare l'appaltatore a sanare i vizi o i difetti entro un termine stabilito. Se l'appaltatore non sana i vizi o i difetti entro il termine stabilito, la stazione appaltante può procedere a una nuova fase di collaudo, a spese dell'appaltatore.

Verifica di conformità (art. 116)

La verifica di conformità nei contratti pubblici è un'attività che viene effettuata dalla stazione appaltante per accertare che le prestazioni, i beni o i servizi oggetto dell'appalto siano conformi alle specifiche tecniche e alle condizioni previste dal contratto.

La verifica di conformità è obbligatoria per tutti i contratti pubblici, ad eccezione degli appalti di importo inferiore a 100.000 euro.

La verifica di conformità può essere effettuata in forma semplificata o in forma completa.

La verifica di conformità in forma semplificata è effettuata a campione e riguarda solo alcuni aspetti delle prestazioni, dei beni o dei servizi oggetto dell'appalto.

La verifica di conformità in forma completa è effettuata su tutte le prestazioni, i beni o i servizi oggetto dell'appalto.

La verifica di conformità è effettuata da un gruppo composto da uno a tre membri nominato dalla stazione appaltante.

La verifica di conformità deve essere completata entro un termine stabilito dal contratto.

In caso di vizi o difetti delle prestazioni, dei beni o dei servizi oggetto dell'appalto, la commissione di verifica può emettere una relazione di riserva, che segnala alla stazione appaltante i vizi o i difetti riscontrati. La stazione appaltante deve quindi invitare l'appaltatore a sanare i vizi o i difetti entro un termine stabilito. Se l'appaltatore non sana i vizi o i difetti entro il termine stabilito, la stazione appaltante può procedere a una nuova fase di verifica di conformità, a spese dell'appaltatore.

La verifica di conformità è un atto fondamentale per garantire la qualità delle prestazioni, dei beni o dei servizi oggetto dell'appalto e per tutelare gli interessi della stazione appaltante.

In particolare, la verifica di conformità ha le seguenti funzioni:

- garantire la qualità delle prestazioni, dei beni o dei servizi oggetto dell'appalto;
- tutelare gli interessi della stazione appaltante dell'appalto e di adottare le misure necessarie per sanarli;

- migliorare l'efficienza e l'efficacia della gestione degli appalti pubblici.

La sospensione del contratto

La sospensione del contratto è una misura che può essere adottata dalla stazione appaltante o dall'appaltatore in caso di circostanze che non consentono la prosecuzione dei lavori a regola d'arte.

La sospensione del contratto può essere totale o parziale.

La **sospensione totale** del contratto comporta la cessazione di tutte le attività di esecuzione dei lavori.

La **sospensione parziale** del contratto comporta la cessazione delle attività di esecuzione dei lavori solo per una parte dei lavori.

La sospensione del contratto può essere disposta dalla stazione appaltante o dall'appaltatore.

La stazione appaltante può disporre la sospensione del contratto nei seguenti casi:

- Motivi di interesse pubblico, la stazione appaltante può disporre la sospensione del contratto per motivi di interesse pubblico, quali ad esempio la necessità di effettuare indagini o verifiche tecniche o la necessità di modificare il progetto.
- Motivi di forza maggiore, la stazione appaltante può disporre la sospensione del contratto per motivi di forza maggiore, quali ad esempio eventi naturali calamitosi o eventi bellici.

L'appaltatore può disporre la sospensione del contratto nei seguenti casi:

- Grave inadempimento della stazione appaltante, l'appaltatore può disporre la sospensione del contratto in caso di grave inadempimento della stazione appaltante, quali ad esempio il mancato pagamento dei lavori eseguiti o la mancata consegna dei materiali.
- Impossibilità di proseguire i lavori, l'appaltatore può disporre la sospensione del contratto in caso di impossibilità di proseguire i lavori, quali ad esempio l'interruzione delle forniture di energia elettrica o di acqua.

La sospensione del contratto deve essere comunicata all'altra parte.

La sospensione del contratto non interrompe il decorso dei termini contrattuali, salvo che il contratto preveda diversamente.

In caso di sospensione del contratto, la stazione appaltante e l'appaltatore sono tenuti a cooperare per la ripresa dei lavori non appena le circostanze che hanno determinato la sospensione cessano di sussistere.

Se la sospensione del contratto dura per un periodo superiore a un quarto della durata complessiva prevista per l'esecuzione dei lavori, l'appaltatore può chiedere la risoluzione del contratto senza indennità.

Il recesso dal contratto

Il recesso dal contratto è un atto unilaterale con cui una delle parti del contratto manifesta la volontà di sciogliere il contratto stesso.

Il recesso dal contratto può essere esercitato dalla stazione appaltante o dall'appaltatore.

La stazione appaltante può recedere dal contratto nei seguenti casi:

- Grave inadempimento dell'appaltatore, la stazione appaltante può recedere dal contratto in caso di grave inadempimento dell'appaltatore, quali ad esempio il mancato rispetto dei termini di consegna dei lavori o la mancata esecuzione dei lavori a regola d'arte.
- Motivi di interesse pubblico, la stazione appaltante può recedere dal contratto per motivi di interesse pubblico, quali ad esempio la necessità di modificare il progetto o la necessità di annullare l'appalto.

L'appaltatore può recedere dal contratto nel protrarsi dei casi già visti per la sospensione e cioè:
- Grave inadempimento della stazione appaltante, l'appaltatore può recedere dal contratto in caso di grave inadempimento della stazione appaltante, quali ad esempio il mancato pagamento dei lavori eseguiti o la mancata consegna dei materiali.
- Motivi di forza maggiore, l'appaltatore può recedere dal contratto per motivi di forza maggiore, quali ad esempio eventi naturali calamitosi o eventi bellici.

Il recesso dal contratto deve essere comunicato all'altra parte.

Il recesso dal contratto produce i seguenti effetti:

- Estinzione del contratto, il contratto si estingue con effetto immediato.

- Risarcimento danni, la parte che ha esercitato il recesso dal contratto può essere tenuta a risarcire all'altra parte eventuali danni subiti.

- Clausole risolutive espresse, il recesso dal contratto può essere previsto come clausola risolutiva espressa nel contratto. In questo caso, l'esercizio del recesso dal contratto non comporta il risarcimento danni.

Tipologie specifiche di contratti del settore ordinario

Il Codice dei contratti pubblici (D.Lgs. n. 50/2016) prevede diverse tipologie specifiche di contratti del settore ordinario.

Le principali tipologie sono le seguenti:

- Appalti di lavori: gli appalti di lavori sono contratti a titolo oneroso, a forma libera, con i quali una stazione appaltante affida a un operatore economico la realizzazione di lavori di costruzione, manutenzione, ristrutturazione o demolizione di opere o impianti.

- Appalti di servizi: gli appalti di servizi sono contratti a titolo oneroso, a forma libera, con i quali una stazione appaltante affida a un operatore economico la prestazione di servizi, quali ad esempio servizi di ingegneria, architettura, consulenza, assistenza, formazione, manutenzione, esercizio, gestione o fornitura.

- Appalti di forniture: gli appalti di forniture sono contratti a titolo oneroso, a forma libera, con i quali una stazione appaltante affida a un operatore economico la fornitura di beni, quali ad esempio materiali, macchinari, attrezzature, beni mobili o immobili.

Oltre a queste tipologie generali, il Codice dei contratti pubblici prevede anche una serie di tipologie specifiche di contratti, quali ad esempio:

- Contratti di concessione di lavori pubblici: i contratti di concessione di lavori pubblici sono contratti a titolo oneroso, a forma libera, con i quali una stazione appaltante affida a un operatore economico la realizzazione di lavori pubblici, il cui uso è conferito al pubblico a fronte del pagamento di un corrispettivo.

- Contratti di concessione di servizi pubblici: i contratti di concessione di servizi pubblici sono contratti a titolo oneroso, a forma libera, con i quali una stazione appaltante affida a un operatore economico la gestione di un servizio pubblico, il cui uso è conferito al pubblico a fronte del pagamento di un corrispettivo.

- Contratti di partenariato pubblico privato: i contratti di partenariato pubblico privato sono contratti a titolo oneroso, a forma libera, con i quali una stazione appaltante e un operatore economico concorrono alla realizzazione di un'opera o di un servizio pubblico, condividendo rischi, responsabilità e benefici.

Partenariato ricerche sviluppo

Il partenariato per la ricerca e sviluppo è un accordo di collaborazione tra un organismo pubblico di ricerca (OPR) e un soggetto privato (impresa, associazione, fondazione, ecc.) per la realizzazione di un progetto di ricerca e sviluppo.

Il partenariato per la ricerca e sviluppo è uno strumento importante per promuovere la collaborazione tra il settore pubblico e il settore privato nella ricerca e sviluppo. Consente agli OPR di accedere alle risorse e alle competenze del settore privato per la realizzazione di progetti di ricerca e sviluppo complessi e innovativi.

I requisiti di partecipazione al partenariato per la ricerca e sviluppo sono i seguenti:

- L'OPR deve essere un organismo pubblico di ricerca riconosciuto dal Ministero dell'Università e della Ricerca (MUR).
- Il soggetto privato deve essere un'impresa, un'associazione, una fondazione o un altro soggetto giuridico che svolge attività di ricerca e sviluppo.
- Il progetto di ricerca e sviluppo deve essere innovativo e avere un impatto significativo sulla società.

Il partenariato per la ricerca e sviluppo può essere finanziato da fondi pubblici o privati.

I fondi pubblici possono provenire da:
- Il Ministero dell'Università e della Ricerca (MUR).
- La Commissione europea.
- Regioni e province autonome.
- Altri enti pubblici.

I fondi privati possono provenire da:
- Imprese.
- Fondazioni.
- Altri soggetti privati.

Il partenariato per la ricerca e sviluppo è un'opportunità importante per le imprese che vogliono investire in ricerca e sviluppo. Consente alle imprese di collaborare con gli OPR per sviluppare nuove tecnologie e prodotti, e di accedere a finanziamenti pubblici e privati.

Contratti nell'ambito della sicurezza e i cosiddetti "contratti segregati"

I contratti nell'ambito della sicurezza sono contratti che riguardano attività di sicurezza, come ad esempio la progettazione, la realizzazione e la gestione di sistemi di sicurezza, la fornitura di servizi di sicurezza, la formazione e l'abilitazione del personale della sicurezza.

I contratti segregati sono contratti in cui le attività oggetto di contratto sono suddivise in parti distinte e separate, in modo da garantire la sicurezza e la riservatezza delle informazioni e dei dati sensibili.

I contratti nell'ambito della sicurezza sono regolati da una serie di normative, sia nazionali che internazionali. In Italia, la normativa principale è il Decreto legislativo 81/2008, che disciplina la sicurezza e la salute sul lavoro.

Le pubbliche amministrazioni spesso utilizzano contratti segregati per garantire la sicurezza e la riservatezza di informazioni e dati sensibili, quali ad esempio dati personali, dati finanziari o dati relativi alla sicurezza nazionale.

I contratti segregati sono utilizzati per una serie di motivi, tra cui:
- Per garantire la sicurezza e la riservatezza delle informazioni e dei dati sensibili.
- Per evitare il conflitto di interessi.
- Per migliorare l'efficienza e l'efficacia delle attività.

I contratti segregati possono essere strutturati in una serie di modi diversi, a seconda delle esigenze specifiche del progetto o dell'attività. In generale, i contratti segregati includono le seguenti caratteristiche:

- Una chiara definizione delle parti distinte e separate delle attività oggetto di contratto.
- Una chiara definizione dei ruoli e delle responsabilità delle parti coinvolte.
- Un'adeguata protezione delle informazioni e dei dati sensibili.

Procedura di somma urgenza

La procedura di somma urgenza è una procedura di aggiudicazione di un appalto pubblico che consente alla stazione appaltante di affidare l'appalto senza rispettare le procedure ordinarie, in caso di eventi eccezionali che non consentono di rispettare tali procedure.

L'articolo 140 del nuovo codice dei contratti (d.lgs. 31 marzo 2023, n. 36) disciplina la procedura di somma urgenza, che può essere utilizzata nei seguenti casi:
- In caso di eventi eccezionali, quali calamità naturali, incendi, incidenti, etc., che possono causare danni o pericoli per la pubblica incolumità.
- In caso di eventi eccezionali che possono causare un danno grave e irreparabile all'interesse pubblico.

Procedura
La procedura di somma urgenza si svolge in due fasi:
- Fase di individuazione dell'operatore economico. In questa fase, la stazione appaltante invita a partecipare alla procedura di somma urgenza uno o più operatori economici individuati dal responsabile del procedimento o da altro tecnico dell'amministrazione competente.
- Fase di esecuzione dell'appalto. In questa fase, la stazione appaltante esegue l'appalto sulla base dell'offerta dell'operatore economico prescelto.

Criteri di scelta dell'operatore economico

La stazione appaltante sceglie l'operatore economico che ha presentato l'offerta che meglio risponde alle esigenze della stazione appaltante, in base ai seguenti criteri:

- Prezzo. Il prezzo è il criterio principale di scelta dell'operatore economico.
- Qualità. La qualità dei beni, servizi o lavori offerti è un criterio accessorio di scelta dell'operatore economico.
- Tempi di consegna. I tempi di consegna dei beni, servizi o lavori offerti sono un criterio accessorio di scelta dell'operatore economico.

Motivazione
La stazione appaltante deve motivare la scelta dell'operatore economico, indicando i criteri di scelta utilizzati e le ragioni per le quali l'offerta dell'operatore economico prescelto è stata ritenuta la migliore.

Limiti
La procedura di somma urgenza è subordinata al rispetto dei seguenti limiti:
- L'importo dell'appalto non deve superare la soglia di rilevanza comunitaria.
- La procedura di somma urgenza non può essere utilizzata per appalti di lavori, servizi o forniture che sono finanziati con fondi europei.

Appalti di servizi sociali

Gli appalti di servizi sociali sono appalti pubblici che hanno come oggetto la fornitura di servizi sociali. I servizi sociali sono servizi che sono rivolti alla collettività e che hanno lo scopo di promuovere il benessere e l'inclusione sociale.

I servizi sociali possono essere suddivisi in diverse categorie:

- Assistenza sociale, servizi di assistenza sociale alle persone in difficoltà, quali ad esempio anziani, disabili, persone con disagio psichico o sociale.

- Educazione e formazione, servizi di educazione e formazione, quali ad esempio servizi educativi per la prima infanzia, servizi di istruzione, servizi di formazione professionale.

- Sanità, servizi di sanità e assistenza sanitaria, quali ad esempio servizi di assistenza domiciliare, servizi di trasporto sociale, servizi di assistenza socio-sanitaria.

- Cultura e tempo libero, servizi di cultura e tempo libero, quali ad esempio servizi di promozione culturale, servizi di promozione del tempo libero, servizi di promozione della salute.

Le caratteristiche principali degli appalti di servizi sociali sono le seguenti:

- La finalità sociale: gli appalti di servizi sociali hanno lo scopo di promuovere il benessere e l'inclusione sociale.
- La complessità: gli appalti di servizi sociali possono essere complessi, in quanto possono richiedere competenze e risorse specifiche.
- La rilevanza sociale: gli appalti di servizi sociali possono avere una rilevanza sociale significativa, in quanto possono avere un impatto sulla vita delle persone.

Appalti dei beni culturali

Gli appalti dei beni culturali sono regolati dal Codice dei contratti pubblici (D.Lgs. n. 36/2023), con alcune specificità previste dal Codice dei beni culturali e del paesaggio (D.Lgs. n. 42/2004).

Gli appalti dei beni culturali sono appalti pubblici che hanno come oggetto lavori, servizi o forniture relative a beni culturali. Il nuovo codice dei contratti definisce i beni culturali come "beni materiali e immateriali, mobili e immobili, che presentano interesse storico, artistico, archeologico, etnoantropologico, demoetnoantropologico, archivistico, bibliografico, archivistico-bibliografico, librario, musicale, cinematografico, audiovisivo, teatrale e coreutico, per i quali sia stata accertata la sussistenza di un interesse culturale, ai sensi delle vigenti disposizioni".Gli appalti dei beni culturali sono soggetti a una serie di regole specifiche, che sono volte a garantire la tutela e la valorizzazione dei beni culturali.

In particolare, gli appalti dei beni culturali devono rispettare i seguenti principi:

- Il principio di specialità, gli appalti dei beni culturali sono regolati da una normativa specifica, che prevale sulla disciplina generale del Codice dei contratti pubblici.
- Il principio di tutela, gli appalti dei beni culturali devono essere finalizzati alla tutela e alla valorizzazione dei beni culturali.
- Il principio di concorrenza, gli appalti dei beni culturali devono essere aggiudicati secondo criteri di concorrenza, in modo da garantire il miglior rapporto qualità-prezzo.

Le principali differenze tra gli appalti dei beni culturali e gli appalti pubblici ordinari riguardano la rilevanza degli aspetti qualitativi e i requisiti di qualificazione: gli appalti dei beni culturali possono richiedere requisiti di qualificazione specifici, quali ad esempio l'iscrizione a un albo professionale o il possesso di specifiche competenze tecniche.

Partenariato pubblico privato

Il Partenariato pubblico privato (PPP) è una forma di collaborazione tra la pubblica amministrazione e il settore privato, finalizzata alla realizzazione di opere o alla fornitura di servizi di interesse pubblico.

Il nuovo codice dei contratti disciplina il Partenariato pubblico privato, che può essere utilizzato per la realizzazione di:
- Opere pubbliche.
- Servizi pubblici.
- Interventi di riqualificazione urbana.

Tipologie di PPP

Il nuovo codice dei contratti distingue tra due tipologie di PPP:
- PPP di tipo tradizionale. I PPP di tipo tradizionale sono contratti di concessione di lavori o di servizi, in cui il privato è responsabile della progettazione, della realizzazione e della gestione dell'opera o del servizio.

- PPP di tipo innovativo. I PPP di tipo innovativo sono contratti di partenariato pubblico-privato, in cui il privato è responsabile della progettazione, della realizzazione, della gestione e della manutenzione dell'opera o del servizio.

Procedura di affidamento

La procedura di affidamento di un PPP è disciplinata dall'articolo 197 del nuovo codice dei contratti.
La procedura di affidamento si svolge in due fasi:
- Fase di gara. In questa fase, la stazione appaltante pubblica un bando di gara, al quale possono partecipare i soggetti interessati.
- Fase di negoziazione. In questa fase, la stazione appaltante negozia con il soggetto aggiudicatario, al fine di definire gli aspetti tecnici, economici e finanziari del contratto.

Criteri di aggiudicazione

Il criterio di aggiudicazione dei PPP è il criterio dell'offerta economicamente più vantaggiosa, che tiene conto dei seguenti elementi:
- Il prezzo.
- La qualità.
- I tempi di realizzazione.
- L'impatto ambientale.
- L'impatto sociale.

Il Partenariato pubblico privato è uno strumento che può essere utilizzato per realizzare opere o fornire servizi di interesse pubblico in modo efficiente e innovativo.

In particolare, il nuovo codice dei contratti introduce alcune novità specifiche in materia di Partenariato pubblico privato, tra cui:
- La previsione di un obbligo di inserimento di clausole sociali nei contratti di PPP.
- La previsione di un obbligo di inserimento di clausole ambientali nei contratti di PPP.

Queste novità sono finalizzate a garantire la sostenibilità sociale e ambientale dei PPP.

LA DISCIPLINA DEL CONTENZIOSO

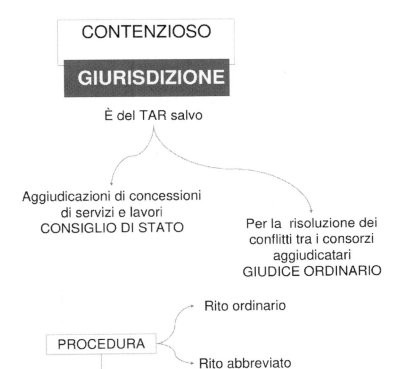

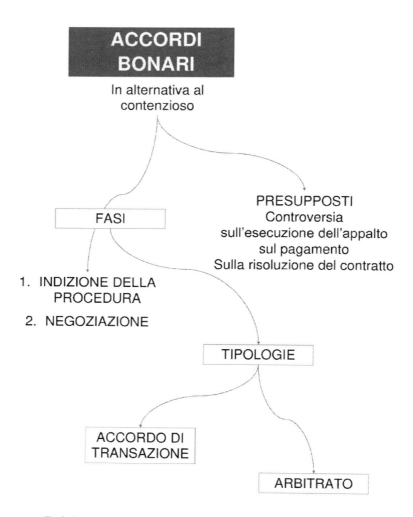

10. La disciplina del contenzioso nel nuovo codice degli appalti

La disciplina del contenzioso nel nuovo codice degli appalti 36/2023 è finalizzata a garantire una tutela più efficace dei diritti degli operatori economici e delle stazioni appaltanti.

Giurisdizione

La giurisdizione esclusiva in materia di appalti pubblici è attribuita al TAR, con l'eccezione delle controversie relative a:

- L'aggiudicazione di concessioni di servizi o di lavori. In questo caso, la giurisdizione è attribuita al Consiglio di Stato.
- La risoluzione dei conflitti tra i consorzi aggiudicatari. In questo caso, la giurisdizione è attribuita al giudice ordinario.

Procedura

La procedura di impugnazione di un atto o di un provvedimento in materia di appalti pubblici è disciplinata dall'articolo 204 del nuovo codice dei contratti.

La procedura si svolge in due fasi:

- **Fase di rito abbreviato.** In questa fase, il ricorrente può chiedere al TAR di fissare una camera di consiglio entro 30 giorni dalla presentazione del ricorso.
- **Fase di rito ordinario.** In questa fase, il ricorso viene trattato dal TAR secondo il rito ordinario.

Rimedi

I rimedi esperibili in caso di ricorso avverso un atto o un provvedimento in materia di appalti pubblici sono i seguenti:

- L'annullamento. Il TAR, se accoglie il ricorso, annulla l'atto o il provvedimento impugnato.
- Il risarcimento del danno. Il TAR, se accoglie il ricorso, può condannare la stazione appaltante al risarcimento del danno subito dal ricorrente.

Specifiche del nuovo codice dei contratti 36/2023

Il nuovo codice dei contratti 36/2023 introduce alcune novità specifiche in materia di contenzioso, tra cui:

- La previsione di un rito abbreviato. Il rito abbreviato è un rito speciale che consente di accelerare la trattazione dei ricorsi in materia di appalti pubblici.
- La previsione di un termine di 60 giorni per la pronuncia del TAR. Il TAR deve pronunciarsi sul ricorso entro 60 giorni dalla presentazione del ricorso.

La previsione di un'azione di responsabilità contro i soggetti responsabili degli atti o dei provvedimenti impugnati. Il ricorrente può chiedere al TAR di condannare i soggetti responsabili degli atti o dei provvedimenti impugnati al risarcimento del danno subito.

Queste novità sono finalizzate a rendere il sistema del contenzioso in materia di appalti pubblici più efficiente e rapido.

Rito abbreviato

Il rito abbreviato è un rito speciale che consente di accelerare la trattazione dei ricorsi in materia di appalti pubblici. In particolare, il ricorrente può chiedere al TAR di fissare una camera di consiglio entro 30 giorni dalla presentazione del ricorso. In caso di fissazione della camera di consiglio, il TAR deve pronunciarsi sul ricorso entro 60 giorni dalla presentazione del ricorso.

Termine di 60 giorni per la pronuncia del TAR

Il TAR deve pronunciarsi sul ricorso entro 60 giorni dalla presentazione del ricorso. Questo termine è previsto anche per il rito abbreviato, con la differenza che, in caso di rito abbreviato, il termine decorre dalla fissazione della camera di consiglio.

Azione di responsabilità

Il ricorrente può chiedere al TAR di condannare i soggetti responsabili degli atti o dei provvedimenti impugnati al risarcimento del danno subito. Questa azione è finalizzata a garantire una tutela più efficace dei diritti degli operatori economici che subiscono un danno a causa di atti o provvedimenti illegittimi delle stazioni appaltanti.

In conclusione, la disciplina del contenzioso nel nuovo codice dei contratti 36/2023 mira a garantire una tutela più efficace dei diritti degli operatori economici e delle stazioni appaltanti, attraverso l'introduzione di un rito abbreviato, di un termine di 60 giorni per la pronuncia del TAR e di un'azione di responsabilità contro i soggetti responsabili degli atti o dei provvedimenti impugnati.

Accordi bonari

Gli accordi bonari sono un meccanismo previsto dal nuovo codice dei contratti (d.lgs. 31 marzo 2023, n. 36) che consente di risolvere le controversie tra la stazione appaltante e l'operatore economico aggiudicatario di un appalto pubblico, senza ricorrere al contenzioso.

I presupposti per la conclusione di un accordo bonario
La conclusione di un accordo bonario è possibile nei seguenti casi:
- In caso di controversia relativa all'esecuzione dell'appalto.
- In caso di controversia relativa al pagamento del corrispettivo.
- In caso di controversia relativa alla risoluzione dell'appalto.

La procedura per la conclusione di un accordo bonario

La procedura per la conclusione di un accordo bonario è disciplinata dall'articolo 210 del nuovo codice dei contratti.

La procedura si svolge in due fasi:
- Fase di indizione del procedimento. In questa fase, la stazione appaltante invia all'operatore economico aggiudicatario una richiesta di incontro per la definizione della controversia.
- Fase di negoziazione. In questa fase, le parti negoziano la definizione della controversia.

La natura giuridica dell'accordo bonario
L'accordo bonario ha natura di transazione.

I vantaggi degli accordi bonari
Gli accordi bonari presentano i seguenti vantaggi:
- Consentono di risolvere le controversie in modo rapido e soddisfacente per entrambe le parti.
- Evitano i costi e i tempi del contenzioso.
- Permette di mantenere un rapporto collaborativo tra la stazione appaltante e l'operatore economico.

Il nuovo codice dei contratti 36/2023 introduce alcune novità in materia di accordi bonari, tra cui:
- La previsione di un termine di 60 giorni per la conclusione dell'accordo.
- La previsione di un'indennità di mora a carico della stazione appaltante in caso di mancato rispetto del termine di 60 giorni.

Queste novità mirano a rendere il procedimento di conclusione degli accordi bonari più efficace e celere.

In caso di mancato rispetto di questo termine, l'operatore economico aggiudicatario ha diritto a un'indennità di mora a carico della stazione appaltante.

Indennità di mora

L'indennità di mora è pari al 3% del valore della controversia. L'indennità è dovuta per ogni giorno di ritardo rispetto al termine di 60 giorni.

I vantaggi degli accordi bonari sono i seguenti:
- Velocità, gli accordi bonari consentono di risolvere le controversie in modo rapido ed efficiente, evitando i tempi lunghi e i costi del contenzioso giurisdizionale.
- Efficienza, gli accordi bonari consentono di raggiungere un accordo che soddisfi le esigenze di entrambe le parti.
- Risparmio di costi, gli accordi bonari consentono di evitare i costi del contenzioso giurisdizionale.

Tuttavia, gli accordi bonari presentano anche alcuni limiti, tra cui:
- Difficoltà, gli accordi bonari possono essere difficili da raggiungere, soprattutto se le parti hanno posizioni molto distanti.
- Validità, gli accordi bonari sono validi solo se rispettano i principi di buona fede e correttezza.

Contenzioso – la transazione

Secondo la previsione del nuovo Codice (art. 212) le controversie relative a diritti soggettivi derivanti dall'esecuzione dei contratti pubblici di lavori, servizi e forniture possono essere risolte mediante transazione nel rispetto del Codice civile solo ed esclusivamente nell'ipotesi in cui non risulti possibile esperire altri rimedi alternativi all'azione giurisdizionale. Intento di tale previsione è quello di facilitare accordi che perseguano prioritariamente la realizzazione dell'oggetto del contratto.

Soglie

Se il valore dell'importo oggetto di concessione o rinuncia sia superiore a 100.000 euro, ovvero a 200.000 euro in caso di lavori pubblici, è acquisito, qualora si tratti di amministrazioni centrali, il parere dell'Avvocatura dello Stato oppure, qualora si tratti di amministrazioni sub centrali, di un legale interno alla struttura o, in mancanza di legale interno, del funzionario più elevato in grado competente per il contenzioso.

Chi può formulare la proposta di transazione?

La proposta di transazione può essere formulata sia dal soggetto aggiudicatario che dal dirigente competente, sentito il RUP. Inoltre, per essere valida la transazione ha forma scritta a pena di nullità.

Arbitrato

L'arbitrato è un procedimento di risoluzione delle controversie in cui le parti conferiscono ad un arbitro o ad un collegio arbitrale il potere di decidere la controversia.

L'arbitrato è disciplinato dal codice di procedura civile (artt. 806-840).

L'arbitrato può essere utilizzato per dirimere qualsiasi tipo di controversia, anche quelle in materia di appalti pubblici.

Il Codice prevede alcune specifiche per l'utilizzo nei Contratti:

- La previsione di un termine di 60 giorni per la conclusione dell'arbitrato.
- La previsione di un'indennità di mora a carico della stazione appaltante in caso di mancato rispetto del termine di 60 giorni.

La procedura di arbitrato

La procedura di arbitrato inizia con la presentazione di una domanda di arbitrato da parte di una delle parti. La domanda di arbitrato deve essere depositata presso la Camera arbitrale nazionale.

La Camera arbitrale nazionale nomina un arbitro o un collegio arbitrale, composto da tre arbitri. Gli arbitri sono scelti tra soggetti di provata indipendenza ed esperienza nella materia oggetto della controversia.

L'arbitrato si svolge in due fasi:
- Fase istruttoria. In questa fase, le parti presentano le proprie prove e argomentazioni.
- Fase decisoria. In questa fase, l'arbitro o il collegio arbitrale emette la sentenza arbitrale.

La sentenza arbitrale

La sentenza arbitrale è definitiva e non è soggetta a impugnazione. La sentenza arbitrale ha la stessa forza di una sentenza emessa da un giudice.

L'arbitrato presenta i seguenti vantaggi:

- È una procedura rapida e flessibile.
- È una procedura confidenziale.
- È una procedura che consente alle parti di mantenere il controllo del processo decisionale.

L'arbitrato presenta tuttavia i seguenti limiti:

- È una procedura costosa.
- È una procedura che può essere impugnata, sotto specifiche condizioni, in tribunale.

L'ANAC E IL SISTEMA DI GESTIONE E CONTROLLO DEGLI APPALTI PUBBLICI

ANAC

Autorità Nazionale Anticorruzione

VIGILA
Su trasparenza e integrità dei contratti pubblici

ATTRAVERSO

1. Linee guida
2. Vigilanza e controllo su stazioni appaltanti e operatori economici
3. Contrasto a corruzione e illegalità

CABINA DI REGIA

organo collegiale che ha il compito di coordinare e supportare le attività di vigilanza e controllo dell'Autorità in materia di appalti pubblici

11. Come è regolato dall'ANAC il sistema di gestione e controllo degli appalti pubblici?

L'Autorità Nazionale Anticorruzione (ANAC) è l'autorità amministrativa indipendente che ha il compito di vigilare, tra l'altro, sulla trasparenza e l'integrità degli appalti pubblici.

L'ANAC svolge il suo compito attraverso una serie di attività, tra cui:

- L'adozione di linee guida e protocolli per la corretta gestione degli appalti pubblici.
- L'attività di vigilanza e controllo su stazioni appaltanti e operatori economici.
- L'attività di contrasto alla corruzione e all'illegalità negli appalti pubblici.

L'ANAC ha il potere di adottare linee guida e protocolli per la corretta gestione degli appalti pubblici.
Le linee guida e i protocolli adottati dall'ANAC sono vincolanti per le stazioni appaltanti e gli operatori economici.
L'ANAC svolge attività di vigilanza e controllo su stazioni appaltanti e operatori economici.
L'ANAC può svolgere ispezioni presso le stazioni appaltanti e gli operatori economici, per verificare il rispetto della normativa in materia di appalti pubblici.
L'ANAC può avviare procedimenti di accertamento e di sanzione, in caso di violazione della normativa in materia di appalti pubblici.
L'ANAC svolge attività di contrasto alla corruzione e all'illegalità negli appalti pubblici.
L'ANAC può promuovere azioni di prevenzione e contrasto alla corruzione e all'illegalità negli appalti pubblici.
L'ANAC può collaborare con le autorità giudiziarie, per l'accertamento dei reati in materia di appalti pubblici.

Il sistema di gestione e controllo degli appalti pubblici è regolato dal codice dei contratti pubblici e dalle linee guida e dai protocolli adottati dall'ANAC.

La cabina di regia presso l'ANAC

La Cabina di regia presso l'ANAC è un organo collegiale che ha il compito di coordinare e supportare le attività di vigilanza e controllo dell'Autorità in materia di appalti pubblici.
La Cabina di regia è composta da un rappresentante del Presidente dell'ANAC, che la presiede, e dai responsabili delle strutture dell'Autorità che svolgono attività di vigilanza e controllo in materia di appalti pubblici.
Il ruolo della Cabina di regia è quindi quello di garantire la coerenza e l'efficacia delle attività di vigilanza e controllo dell'ANAC, nonché di promuovere la trasparenza, l'integrità e l'efficcacia degli appalti pubblici.

In particolare, la Cabina di regia svolge le seguenti funzioni:

- Coordina le attività di vigilanza e controllo delle strutture dell'Autorità in materia di appalti pubblici.

- Supporta le attività di vigilanza e controllo delle strutture dell'Autorità in materia di appalti pubblici.

- Promuove la trasparenza, l'integrità e l'efficcacia degli appalti pubblici.

FOCUS ALLEGATI

RUP
PREZZARIO REGIONALE
QUALIFICAZIONE STAZIONI APPALTANTI
DIREZIONE DEI LAVORI

12. Allegati

Responsabile Unico Progetto (focus allegato I.2)

L'allegato I.2 del codice dei contratti pubblici 2023, intitolato "Attività del responsabile unico del procedimento", prevede le seguenti attività che il responsabile unico del procedimento (RUP) deve svolgere:

- Attività progettuale e di programmazione: il RUP deve coordinare e dirigere l'attività di progettazione e di programmazione dell'intervento pubblico, definendo gli obiettivi, le fasi, i tempi, i costi, le risorse e le modalità di realizzazione dell'intervento.
- Attività di gara: il RUP deve predisporre la documentazione di gara, gestire la gara, aggiudicare l'appalto e stipulare il contratto.
- Attività di esecuzione dell'appalto: il RUP deve vigilare sull'esecuzione dell'appalto, verificando che i lavori, i servizi o le forniture siano realizzati secondo quanto previsto nel contratto.
- Attività di collaudo: il RUP deve svolgere l'attività di collaudo dell'intervento pubblico, verificando che l'intervento sia conforme ai requisiti contrattuali.
- Attività di gestione post-aggiudicazione: il RUP deve gestire le eventuali modifiche al contratto, i subappalti e le varianti in corso d'opera.

Inoltre, l'allegato I.2 prevede che il RUP deve essere in possesso di specifiche competenze professionali adeguate al processo realizzativo dell'intervento pubblico di cui è incaricato, e deve tenere aggiornata con costanza la propria formazione.

Una menzione specifica merita la verifica della progettazione che è un procedimento finalizzato a accertare la rispondenza del progetto alle esigenze espresse nel documento d'indirizzo e la sua conformità alla normativa vigente.

La verifica della progettazione è svolta dal RUP, che può avvalersi di soggetti esterni, in particolare nel caso di lavori di importo pari o superiore a 1 milione di euro.

Il RUP, se non effettua personalmente la verifica, ne segue lo sviluppo parallelamente alla progettazione, garantendo il contraddittorio tra il soggetto che esegue la verifica e il progettista.

Il rapporto conclusivo della verifica della progettazione deve indicare:

- le eventuali carenze o lacune del progetto;
- le eventuali modifiche necessarie al progetto;
- le eventuali indicazioni per la redazione della documentazione di gara.

Il progettista è tenuto a prendere in considerazione le eventuali carenze o lacune indicate nel rapporto conclusivo della verifica della progettazione e a apportare le modifiche necessarie al progetto.

13. Criteri per la formazione dei prezzari Regionali

L'allegato 6 del Codice dei contratti pubblici 2023, intitolato "Criteri per la formazione dei prezzari regionali", prevede che i prezzari regionali siano redatti sulla base dei seguenti criteri:

- Riferimento a prezzi reali di mercato: i prezzari regionali devono fare riferimento a prezzi reali di mercato, rilevati attraverso metodi di rilevazione trasparenti e imparziali.
- Adeguatezza alla normativa vigente: i prezzari regionali devono essere aggiornati in modo da tenere conto delle variazioni dei prezzi, delle innovazioni tecnologiche e delle modifiche normative.
- Trasparenza e accessibilità: i prezzari regionali devono essere pubblicati in forma accessibile e consultabile da chiunque.

In particolare, i prezzari regionali devono essere redatti sulla base delle seguenti informazioni:

- La natura e la quantità delle lavorazioni, dei servizi e delle forniture;
- I prezzi unitari delle lavorazioni, dei servizi e delle forniture, comprensivi di tutti i costi, inclusi i costi di sicurezza;
- I fattori di correzione da applicare ai prezzi unitari, per tenere conto dei fattori di contingenza, quali le condizioni climatiche, i costi di trasporto, ecc.

14. La qualificazione delle stazioni appaltanti e delle centrali di committenza

L'allegato II.4 del Codice dei contratti pubblici 2023, intitolato "Qualificazione delle stazioni appaltanti e delle centrali di committenza", prevede che le stazioni appaltanti e le centrali di committenza debbano essere qualificate per poter procedere direttamente e autonomamente all'acquisizione di forniture e servizi di importo superiore a 140.000 euro e all'affidamento di lavori d'importo pari o inferiore a 500.000 euro.

La qualificazione è un sistema di certificazione che attesta la capacità delle stazioni appaltanti e delle centrali di committenza di svolgere le attività di acquisizione di beni e servizi nell'ambito degli appalti pubblici.

La qualificazione è rilasciata dall'ANAC, che verifica il possesso dei requisiti di qualificazione previsti dall'allegato II.4.

I requisiti di qualificazione sono i seguenti:
- Requisiti obbligatori
    - Iscrizione all'AUSA (Anagrafe Unica delle Stazioni Appaltanti);
    - Presenza nell'organigramma di un ufficio o struttura stabile dedicati alla progettazione e agli affidamenti di servizi e forniture;
    - Piattaforma di approvvigionamento digitale di cui agli artt. 25 e 26.
- Requisiti ulteriori
    - Livello 1
        - Esperienza pregressa nell'affidamento di appalti pubblici;
        - Organizzazione e procedure per la gestione degli appalti pubblici;
        - Formazione del personale incaricato della gestione degli appalti pubblici.

- Livello 2
  - Esperienza pregressa nell'affidamento di appalti pubblici di importo significativo;
  - Organizzazione e procedure per la gestione di appalti pubblici complessi;
  - Formazione avanzata del personale incaricato della gestione degli appalti pubblici.
- Livello 3
  - Esperienza pregressa nell'affidamento di appalti pubblici di importo rilevante;
  - Organizzazione e procedure per la gestione di appalti pubblici di grandi dimensioni;
  - Formazione specializzata del personale incaricato della gestione degli appalti pubblici.

La qualificazione ha una durata di cinque anni, trascorsi i quali deve essere rinnovata.

15. Attività di direzione lavori ed esecuzione, il collaudo e la verifica di conformità

L'allegato II.14 del Codice dei contratti pubblici 2023, intitolato "Direzione dei lavori e direzione dell'esecuzione dei contratti. Modalità di svolgimento delle attività della fase esecutiva. Collaudo e verifica di conformità", prevede le seguenti attività che il direttore dei lavori e il collaudatore devono svolgere:

Direttore dei lavori
Il direttore dei lavori è un soggetto tecnico incaricato dalla stazione appaltante di dirigere l'esecuzione del contratto, verificando che i lavori siano realizzati a regola d'arte e in conformità al progetto e al contratto.

Il direttore dei lavori ha i seguenti compiti:

- Verifica che i lavori siano realizzati a regola d'arte e in conformità al progetto e al contratto;
- Autorizza la variazione delle opere e dei materiali, nei limiti previsti dal contratto;
- Risoluzione delle controversie in fase di esecuzione del contratto;
- Comunicazione alla stazione appaltante di eventuali irregolarità o difformità riscontrate in corso d'opera;
- Redazione del certificato di ultimazione dei lavori;
- Partecipazione alle attività di collaudo o verifica di conformità.

Collaudatore

Il collaudatore è un soggetto tecnico incaricato dalla stazione appaltante di collaudare l'opera, verificando che l'opera sia conforme alle previsioni contrattuali e che sia idonea all'uso per cui è destinata.

Il collaudatore ha i seguenti compiti:

- Verifica che l'opera sia conforme alle previsioni contrattuali e che sia idonea all'uso per cui è destinata;
- Redazione del certificato di collaudo;
- Comunicazione alla stazione appaltante di eventuali irregolarità o difformità riscontrate in corso di collaudo.

In particolare, il direttore dei lavori deve:

- Iniziare la sua attività di direzione dei lavori non oltre 15 giorni dalla data di consegna dei lavori all'esecutore;
- Effettuare visite periodiche al cantiere, con cadenza almeno settimanale, per verificare l'andamento dei lavori e l'osservanza delle prescrizioni contrattuali;
- Autorizzare, nei limiti previsti dal contratto, le variazioni delle opere e dei materiali;
- Risoluzione delle controversie in fase di esecuzione del contratto;
- Comunicazione alla stazione appaltante di eventuali irregolarità o difformità riscontrate in corso d'opera;
- Redazione del certificato di ultimazione dei lavori, che attesta l'avvenuta ultimazione dei lavori e la loro conformità al progetto e al contratto;
- Partecipazione alle attività di collaudo o verifica di conformità, ove previsto dal contratto.

In particolare, il collaudatore deve:

- Iniziare la sua attività di collaudo non oltre 30 giorni dalla data di ricezione della comunicazione di ultimazione dei lavori;

- Effettuare una serie di prove e verifiche per accertare la conformità dell'opera alle previsioni contrattuali e la sua idoneità all'uso per cui è destinata;

- Redigere il certificato di collaudo, che attesta la conformità dell'opera alle previsioni contrattuali e la sua idoneità all'uso per cui è destinata;

- Comunicazione alla stazione appaltante di eventuali irregolarità o difformità riscontrate in corso di collaudo.

La direzione dei lavori e il collaudo sono attività fondamentali per garantire la corretta esecuzione dei lavori e la conformità dell'opera alle previsioni contrattuali.

ENTRATA IN VIGORE

Il nuovo codice dei contratti pubblici (D.lgs. 36/2023) è entrato in vigore il 1° aprile 2023, ma le sue disposizioni acquistano efficacia dal 1° luglio 2023.

In pratica, dal 1° aprile 2023 il codice è stato pubblicato e può essere applicato, ma le sue disposizioni non sono ancora vincolanti. Dal 1° luglio 2023, invece, le disposizioni del codice saranno effettivamente applicate a tutti i bandi e gli avvisi pubblicati da tale data.

Per i bandi e gli avvisi pubblicati prima del 1° luglio 2023, si continueranno ad applicare le regole del vecchio codice appalti (D.lgs. 50/2016).

Il periodo transitorio di tre mesi è stato previsto per consentire alle stazioni appaltanti di adeguarsi alle nuove disposizioni del codice.

Ecco un riepilogo dei tempi di entrata in vigore del nuovo codice dei contratti pubblici:

- Entrata in vigore: 1° aprile 2023
- Efficacia: 1° luglio 2023
- Applicabilità ai bandi e agli avvisi pubblicati: dal 1° luglio 2023

Printed by Amazon Italia Logistica S.r.l.
Torrazza Piemonte (TO), Italy

IL NUOVO CODICE DEI CONTRATTI

9798863788678.2

ISBN 9798863788678